언플러그드 놀이

1. 컴퓨터 없이 배우는 코딩 학습, 언플러그드 학습입니다.
컴퓨터 모니터를 이용하여 틀에 박힌 명령어를
무조건 외우는 것보다 논리적 사고에 바탕을 둔
언플러그드 활동이 먼저입니다.

2. 놀이를 통한 학습입니다.
주어진 과제를 상호 게임과 놀이를 통해 해결하는 과정에서
저절로 컴퓨터의 구조적인 사고력이 향상됩니다.

3. 코딩적 사고력이 저절로 길러집니다.
언플러그드 학습은 코딩의 기초가 되는 여러 가지 명령어의
활용이나 체계적인 사고를 필요로 하는 놀이 위주로 구성되어
있어 코딩적 사고력이 저절로 길러집니다.

저자 한버공은
창의력마당수학을 집필하였습니다.

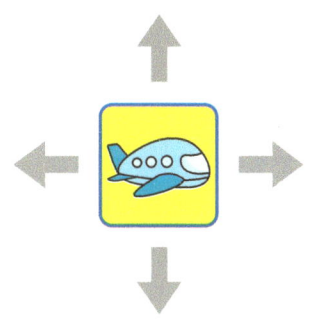

[비행기 놀이 명령어 종류]　　앞으로 한 칸 갑니다.

　뒤로 한 칸 갑니다.

　아래로 한 칸 갑니다.

　위로 한 칸 갑니다.

언·플·러·그·드·활·동·중·심

코딩 명령어 놀이

  01단계-06단계

 비행기놀이 2 07단계-12단계

 공놀이 1 01단계-06단계

공놀이 2 07단계-12단계

 개미놀이 1 01단계-06단계

 개미놀이 2 07단계-12단계

처음 시작하는 언플러그드 코딩교육

코딩 명령어 놀이
비행기 놀이

1단계 1호

● 명령어를 알아보시오.(비행기는 명령대로 움직입니다.)

명령어 : ➡ 앞으로 한칸 가기

예

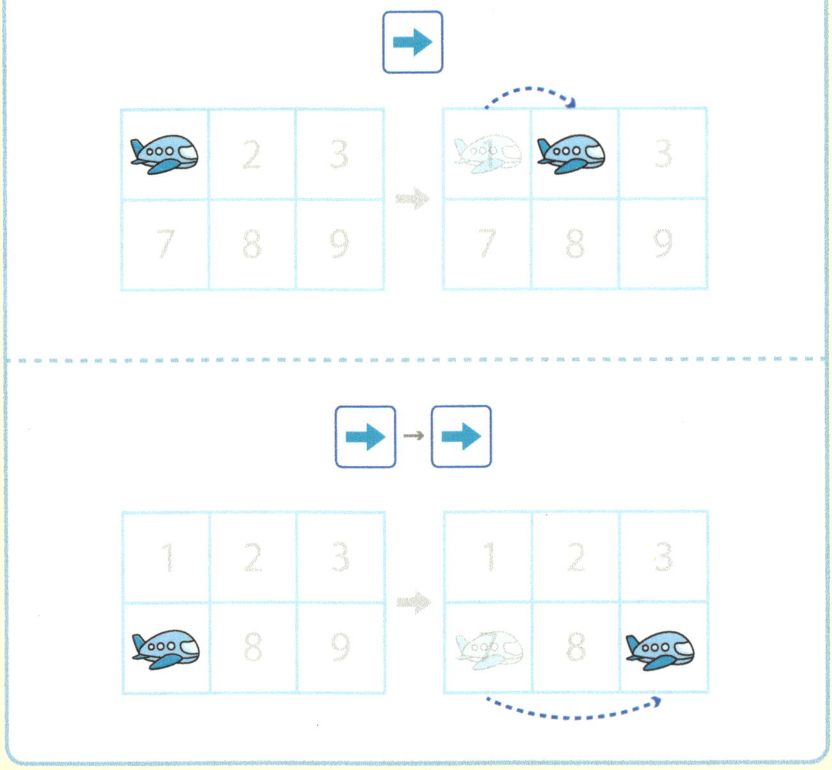

★ 일정한 규칙에 따라 움직이게 하는 기호 또는 문자 등의 명령어로 이루어진 것을 '코딩'이라고 합니다.

 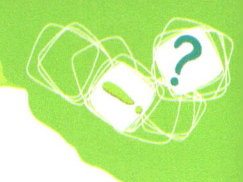

● 명령어에 따라 비행기가 도착한 위치가 맞는 것에 ○표 하시오.

① ②

( )　　　　　( )

● 명령어에 따라 비행기가 도착한 위치가 맞는 것에 ○표 하시오.

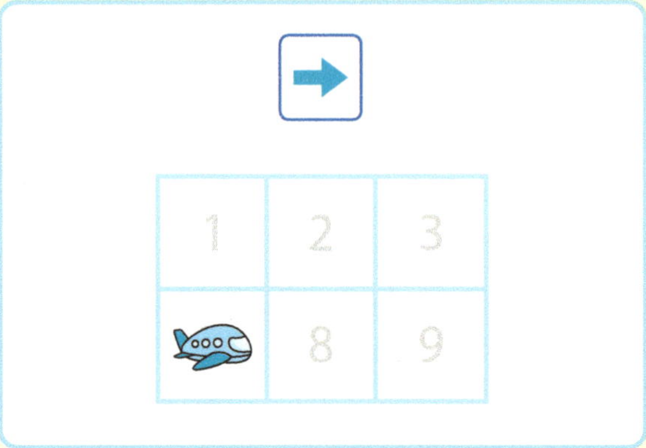

①  ②

( )   ( )

● 명령어에 따라 비행기가 도착한 위치가 맞는 것에 ○표 하시오.

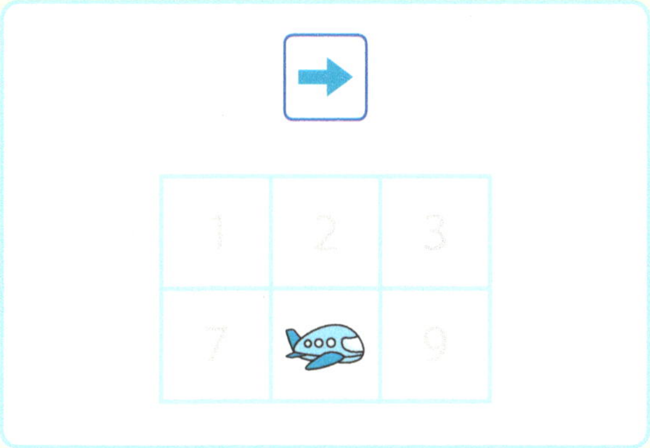

①  ②

( )   ( )

● 명령어에 따라 비행기가 도착한 위치가 맞는 것에 ○표 하시오.

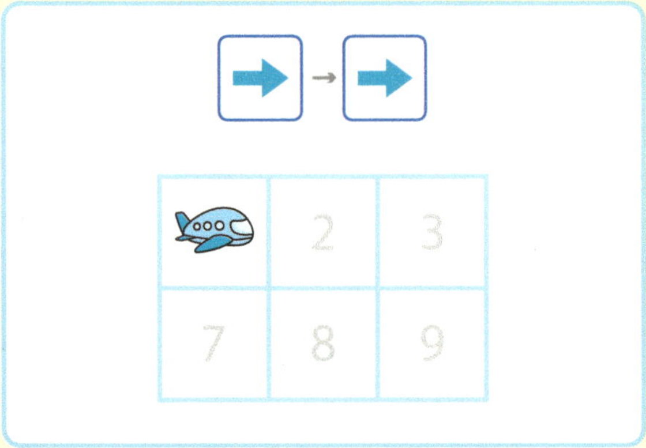

①  ②

( )   ( )

● 명령어에 따라 비행기가 도착한 위치가 맞는 것에 ○표 하시오.

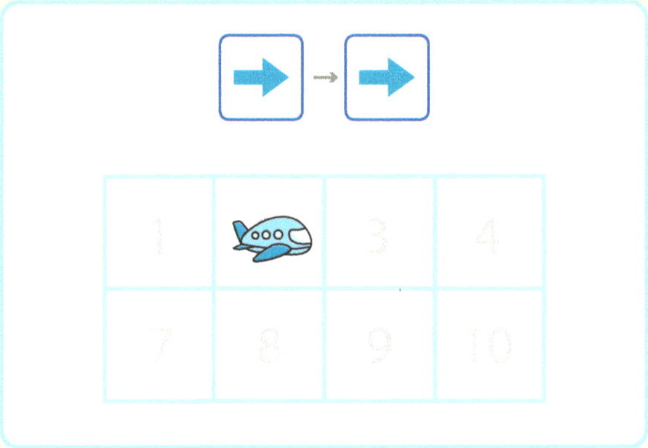

①  ②

( )　　　　　　　( )

● 명령어에 따라 비행기가 도착한 위치가 맞는 것에 ○표 하시오.

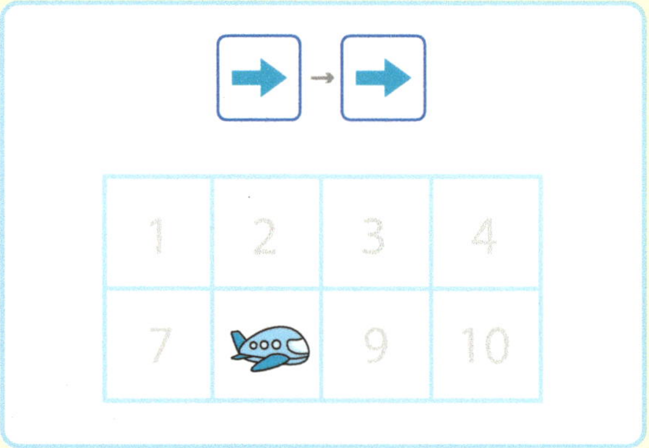

①  ②

( ) ( )

● 명령어에 따라 비행기가 도착한 위치가 맞는 것에 ○표 하시오.

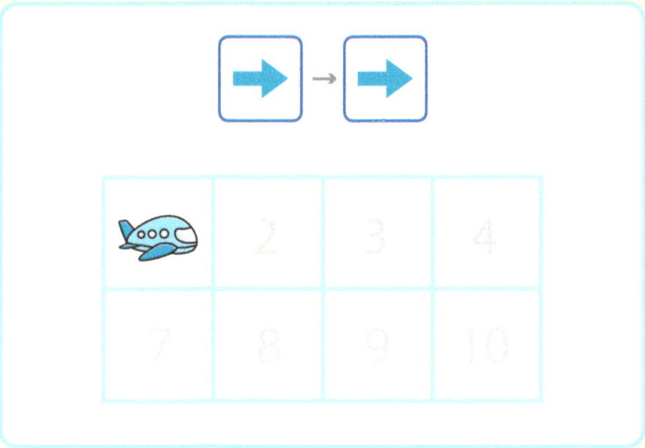

①  ②

( )　　　　　　( )

● 명령어에 따라 비행기가 도착한 위치가 맞는 것에 ○표 하시오.

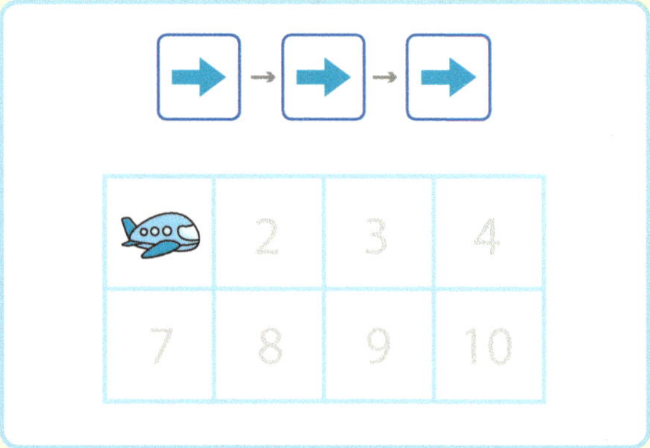

①  ②

( ) ( )

 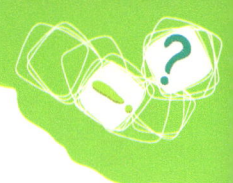

● 명령어에 따라 비행기가 도착한 위치가 맞는 것에 ○표 하시오.

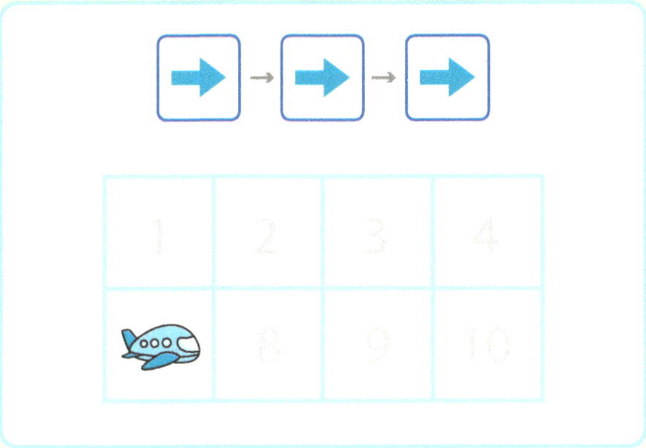

①  ②

( )   ( )

한비공 코딩 놀이 비행기 놀이터

● 명령어를 보고 비행기가 도착한 곳에 ○표 하시오.

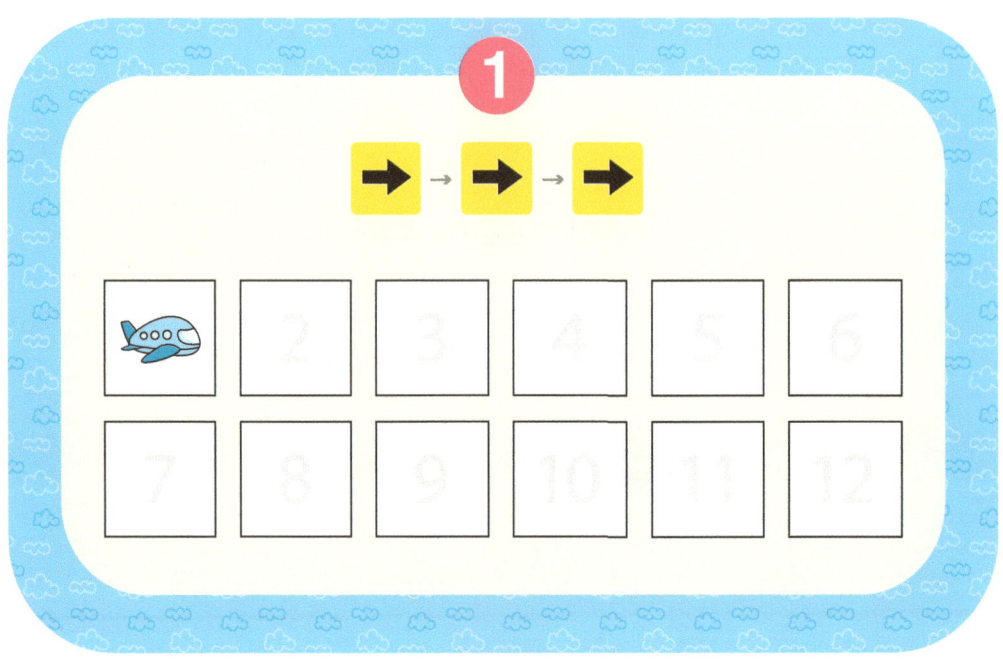

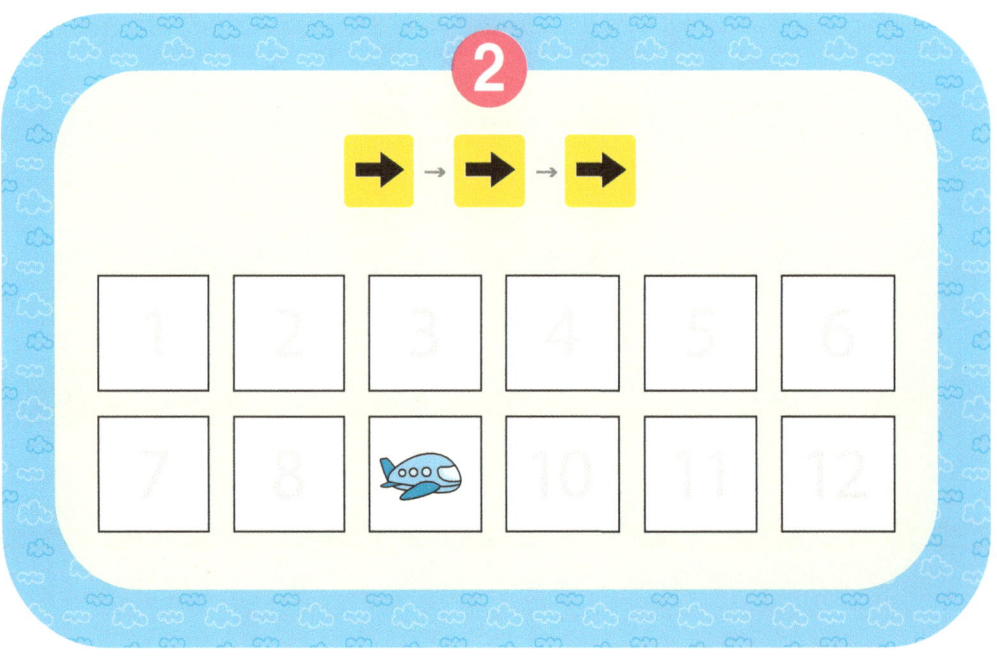

한베공 코딩놀이 비행기 놀이터

● 명령어를 보고 비행기가 도착한 곳에 ○표 하시오.

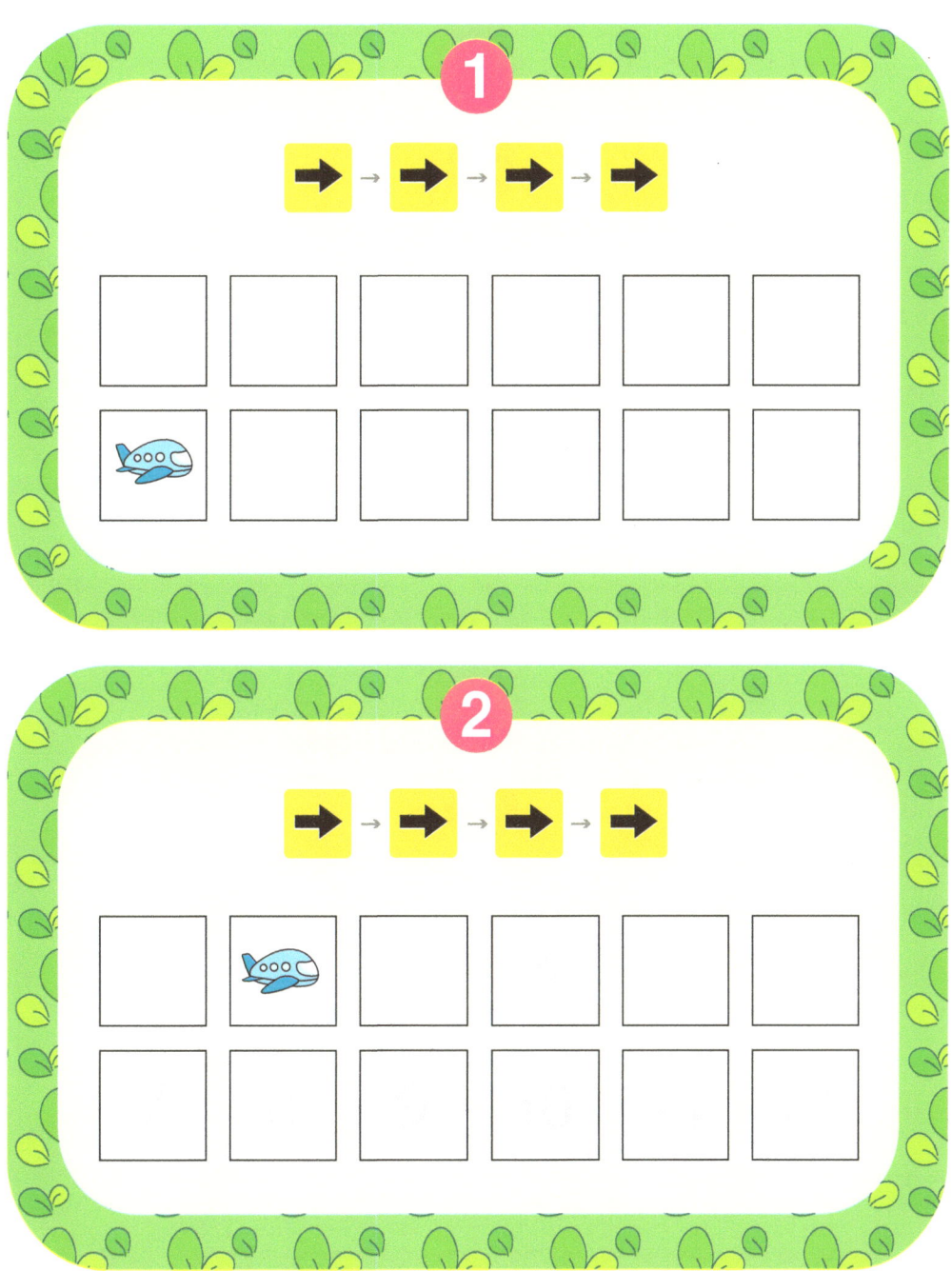

한버공 코딩놀이 비행기 놀이터

● 비행기가 움직인 것을 보고 코딩 놀이판에 코딩블록을 놓아 보시오.

코딩블록:4개

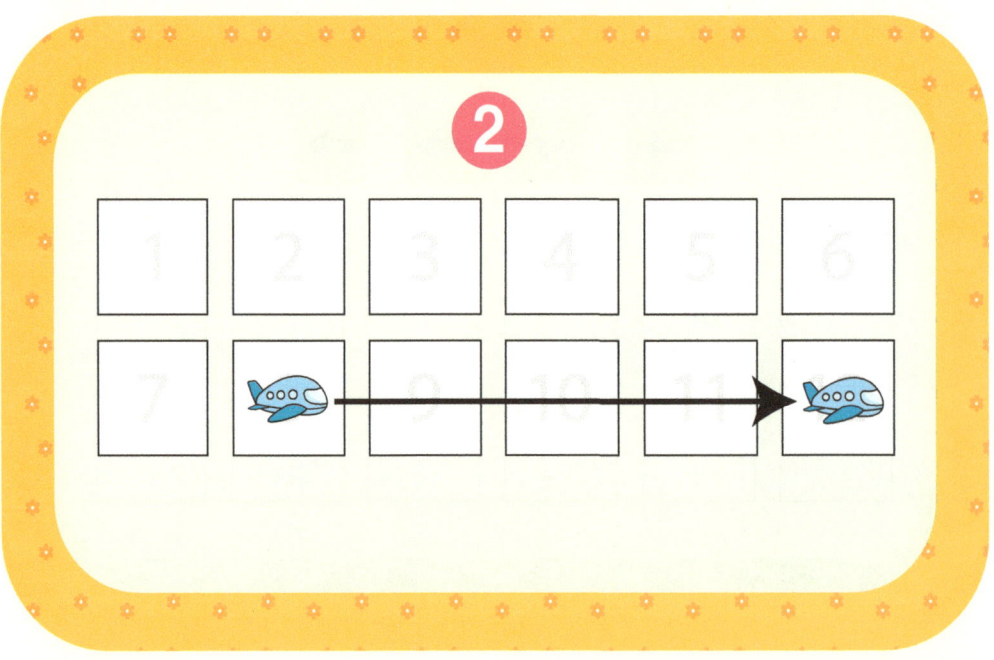

● 비행기가 움직인 것을 보고 코딩 놀이판에 코딩블록을 놓아 보시오.

코딩블록 : 5개

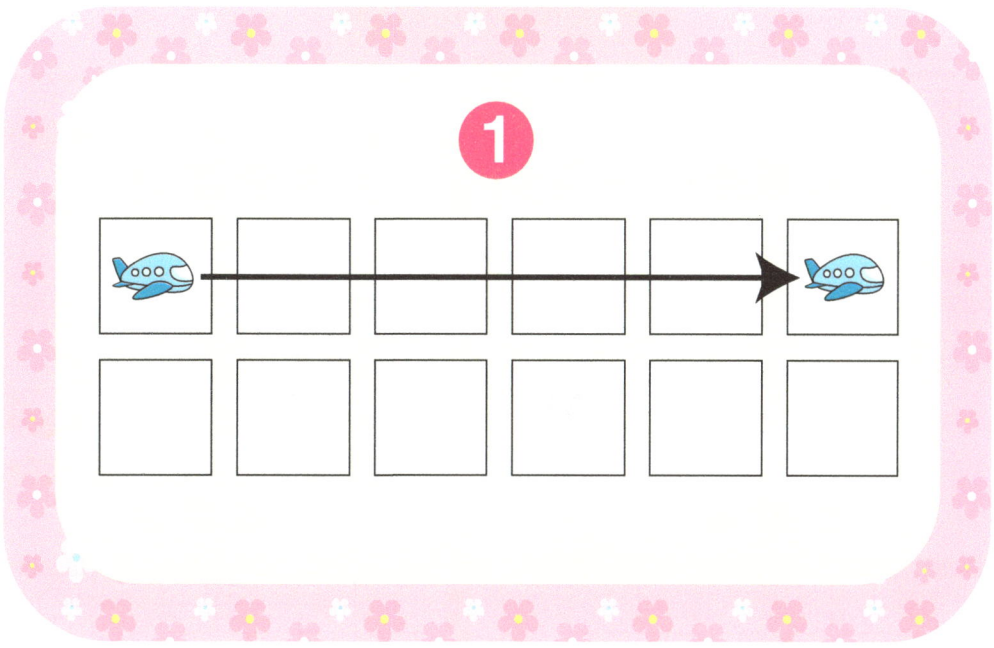

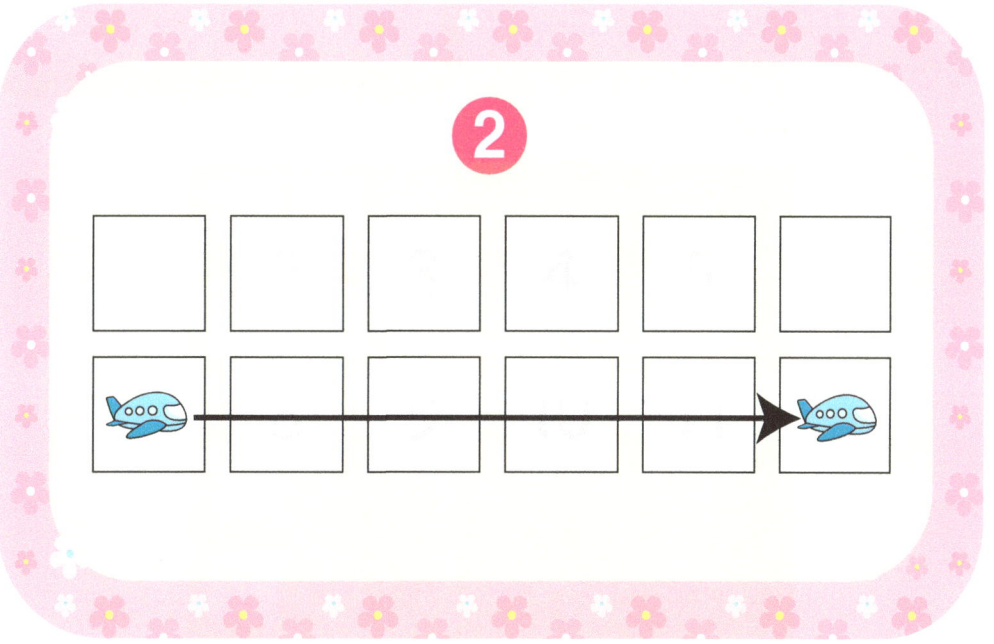

비행기 놀이

해답

3 쪽 ①　　6 쪽 ①　　9 쪽 ①
4 쪽 ②　　7 쪽 ②　　10 쪽 ②
5 쪽 ①　　8 쪽 ①　　11 쪽 ①

12 쪽　　　　　　　　　　13 쪽

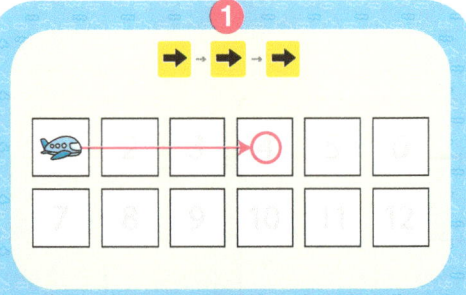
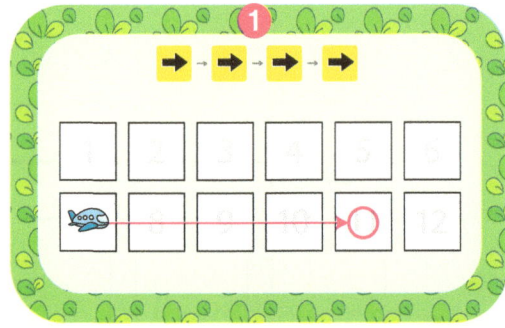
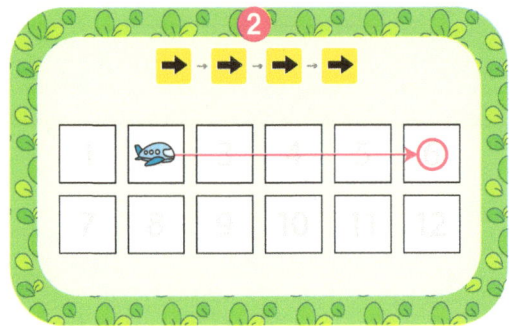

14 쪽

15 쪽

처음 시작하는 언플러그드 코딩교육

코딩 명령어 놀이
비행기 놀이

1단계 2호

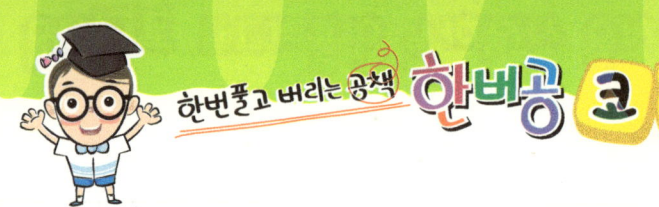 

● 명령어를 알아보시오.(비행기는 명령대로 움직입니다.)

명령어 : ← 뒤로 한칸 가기

예

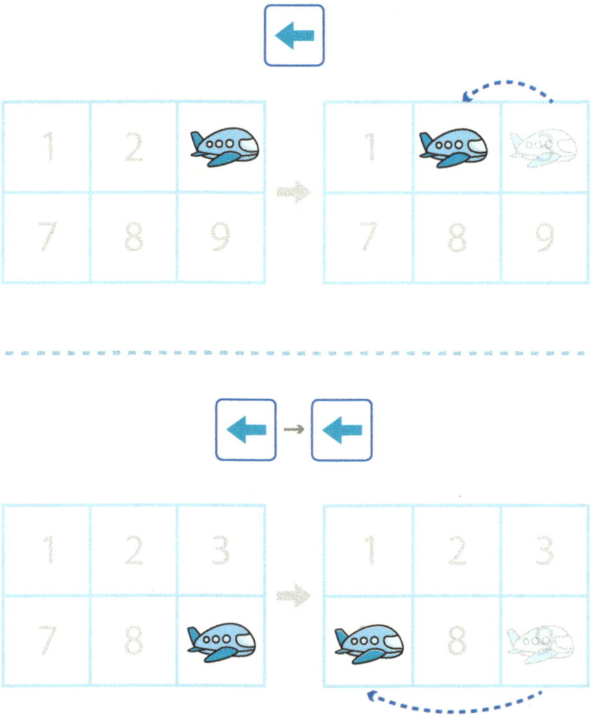

★ 일정한 규칙에 따라 움직이게 하는 기호 또는 문자 등의 명령어로 이루어진 것을 '코딩'이라고 합니다.

● 명령어에 따라 비행기가 도착한 위치가 맞는 것에 ○표 하시오.

① ( )　　② ( )

● 명령어에 따라 비행기가 도착한 위치가 맞는 것에 ○표 하시오.

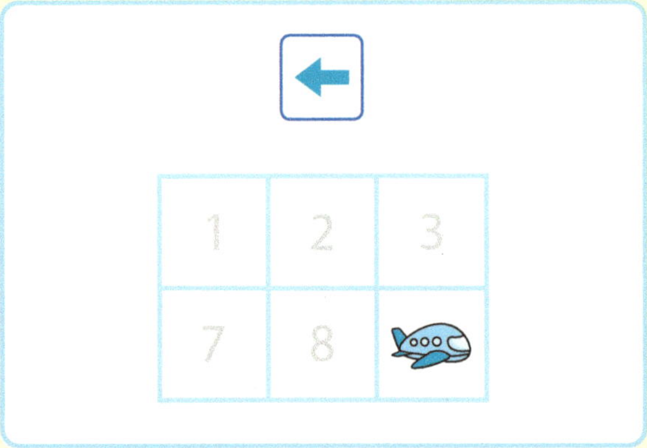

①  ( )   ② ( )

● 명령어에 따라 비행기가 도착한 위치가 맞는 것에 ○표 하시오.

① ( )　　② ( )

● 명령어에 따라 비행기가 도착한 위치가 맞는 것에 ○표 하시오.

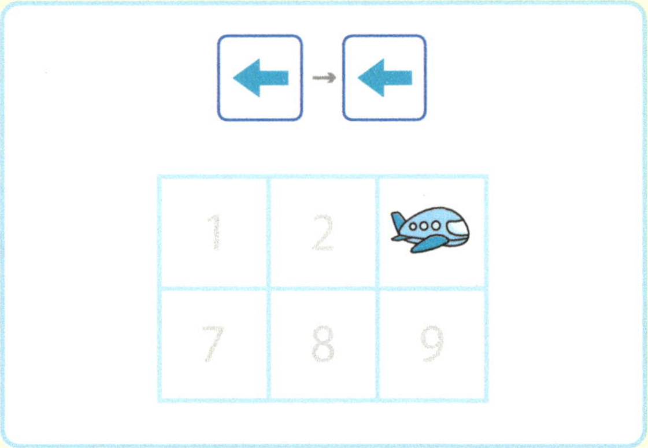

①  ( )   ② ( )

● 명령어에 따라 비행기가 도착한 위치가 맞는 것에 ○표 하시오.

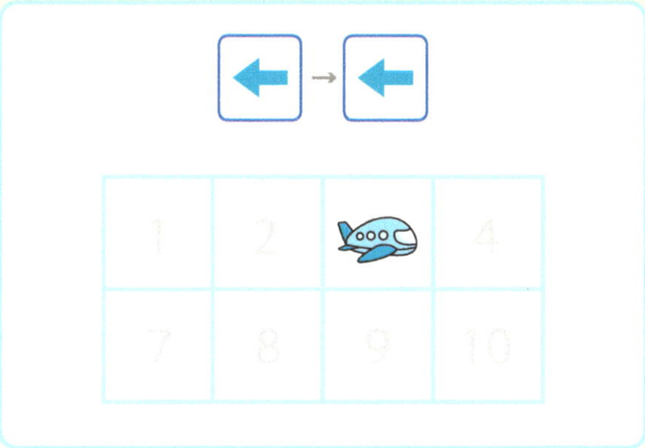

①  ②

( )   ( )

● 명령어에 따라 비행기가 도착한 위치가 맞는 것에 ○표 하시오.

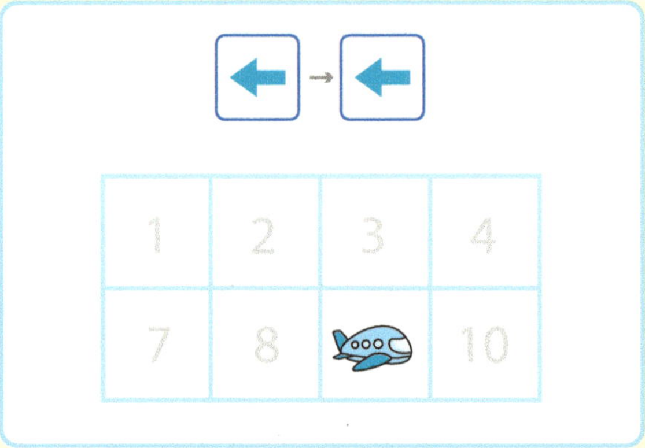

①  ( )   ② ( )

● 명령어에 따라 비행기가 도착한 위치가 맞는 것에 ○표 하시오.

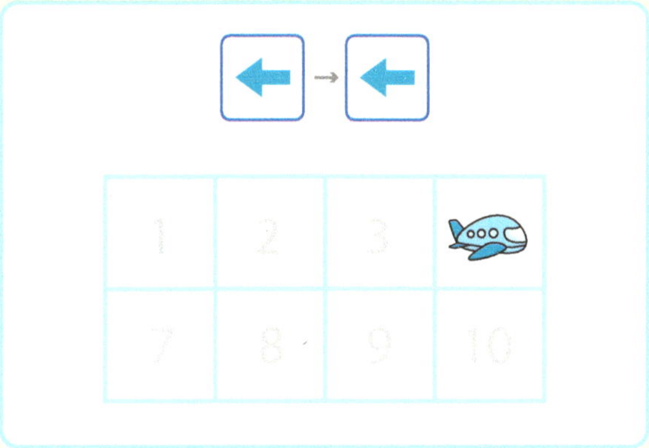

①  ②

( )　　　　　　( )

● 명령어에 따라 비행기가 도착한 위치가 맞는 것에 ○표 하시오.

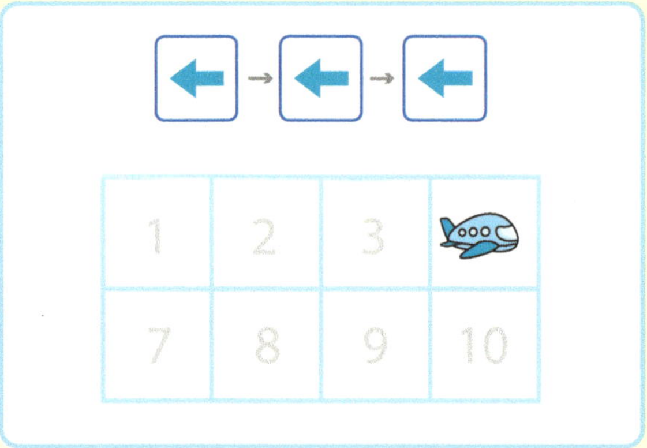

①  ( )   ② ( )

● 명령어에 따라 비행기가 도착한 위치가 맞는 것에 ○표 하시오.

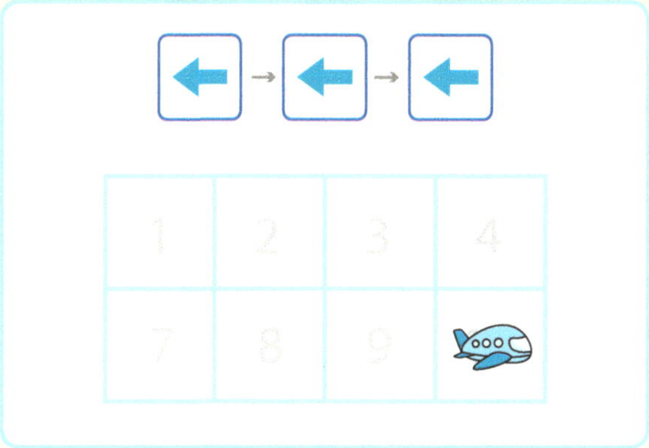

①  ②

( )   ( )

한베공 코딩놀이 비행기 놀이터

● 명령어를 보고 비행기가 도착한 곳에 ○표 하시오.

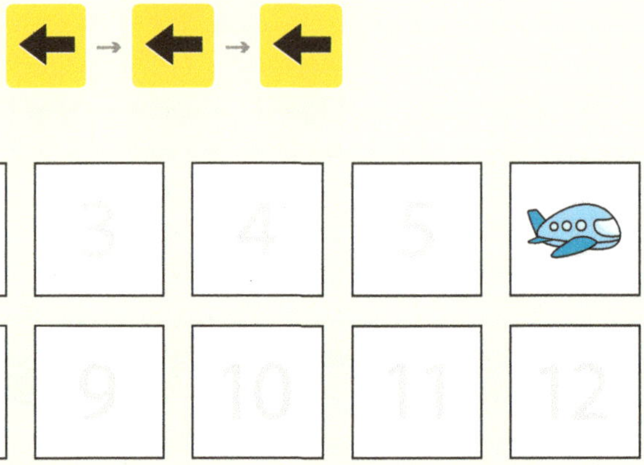

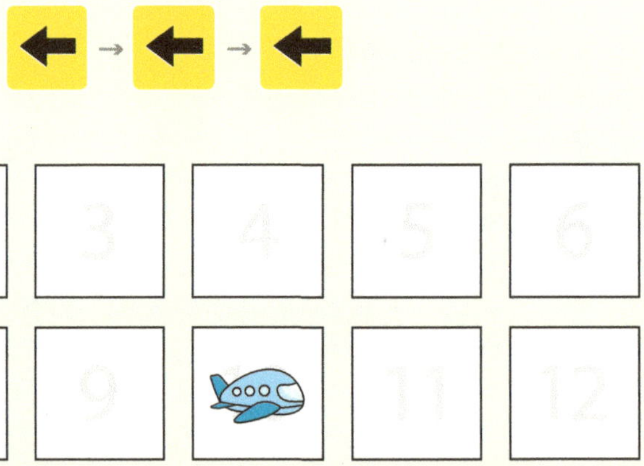

● 명령어를 보고 비행기가 도착한 곳에 ○표 하시오.

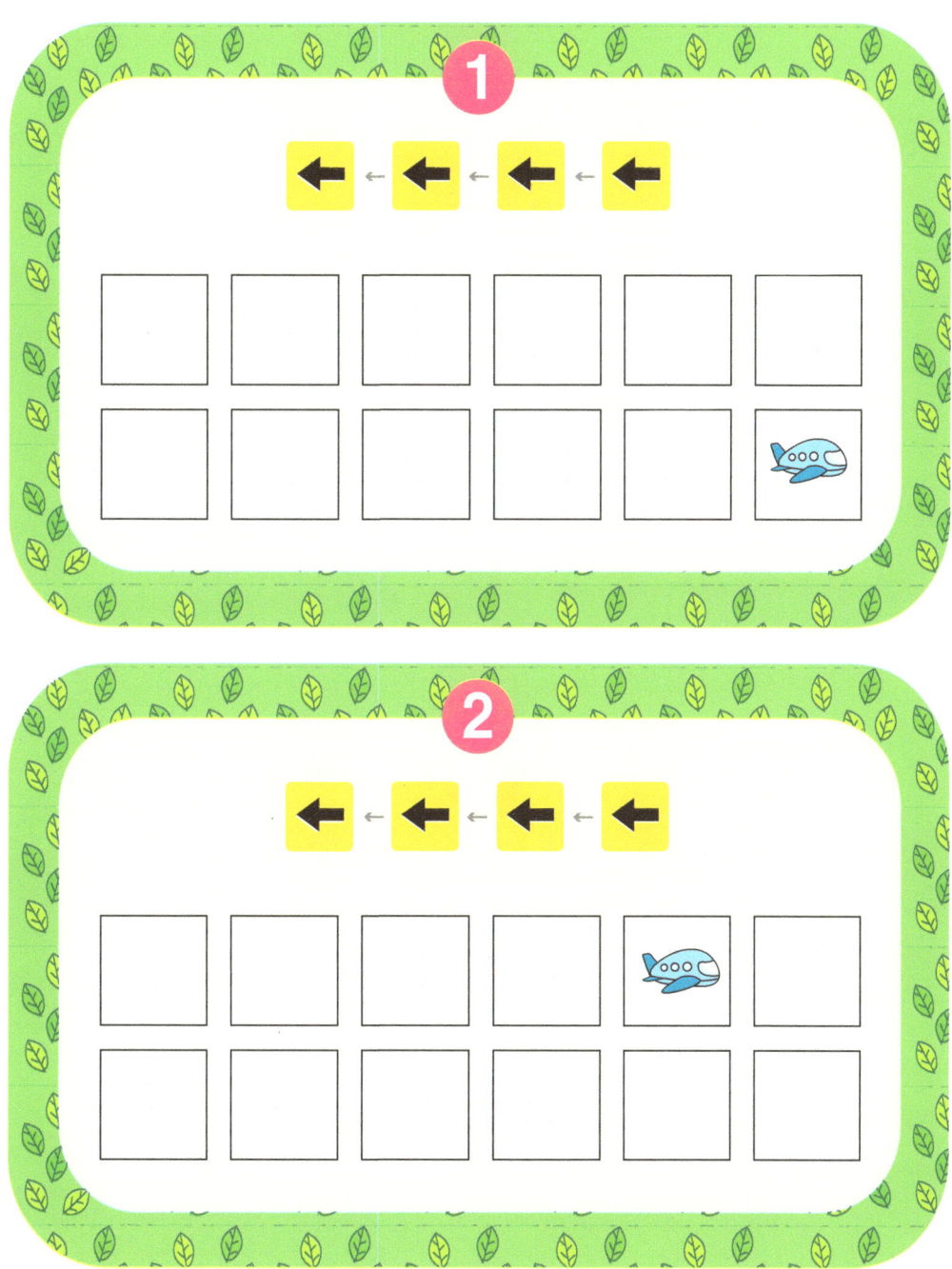

한빛공 코딩놀이 비행기 놀이터

● 비행기가 움직인 것을 보고 코딩 놀이판에 코딩블록을 놓아 보시오.

코딩블록 : 4개

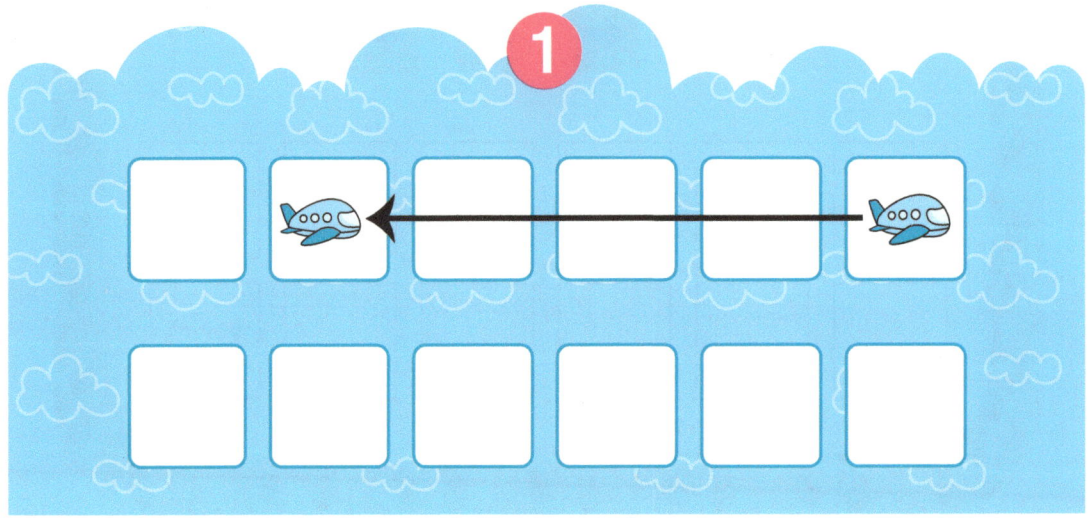

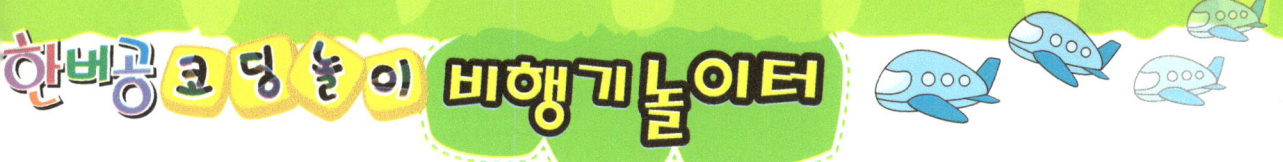

● 비행기가 움직인 것을 보고 코딩 놀이판에 코딩블록을 놓아 보시오.

코딩블록 : 5개

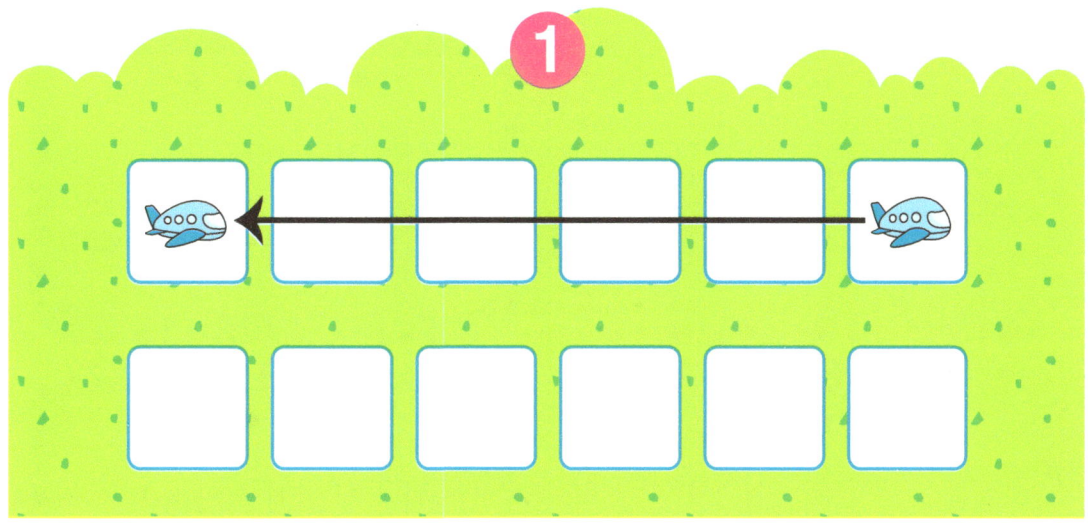

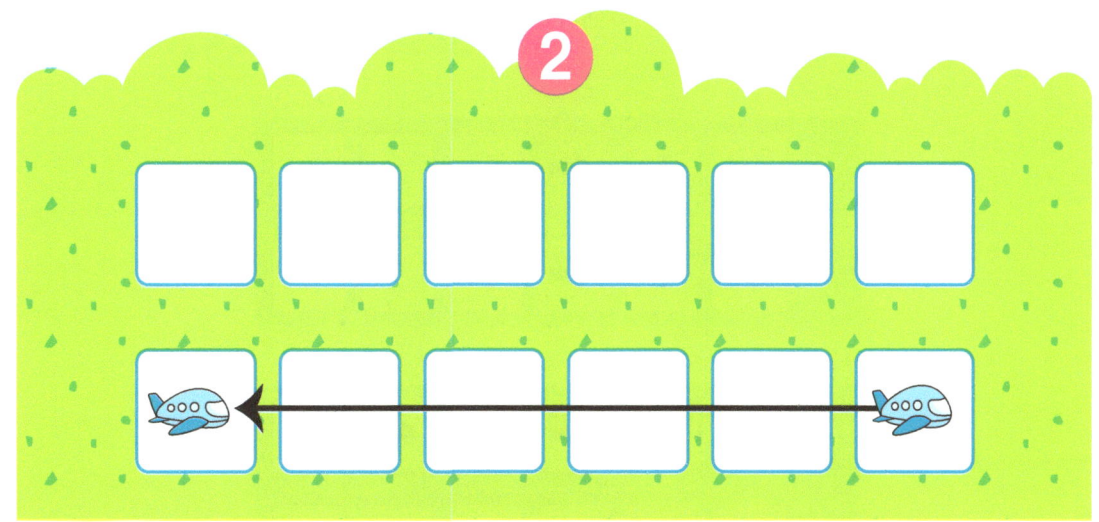

코딩 명령어 놀이
비행기 놀이   해답

3 쪽 ①
4 쪽 ②
5 쪽 ②

6 쪽 ①
7 쪽 ②
8 쪽 ①

9 쪽 ①
10 쪽 ②
11 쪽 ①

12 쪽

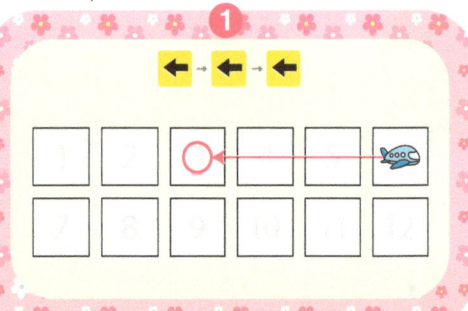

13 쪽

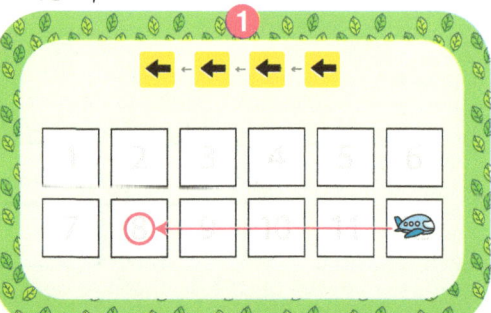

14 쪽

15 쪽

처음 시작하는 언플러그드 코딩교육

코딩 명령어 놀이
비행기 놀이

1단계 3호

● 명령어를 알아보시오. (비행기는 명령대로 움직입니다.)

명령어 : ⬇ 아래로 한칸 가기

예

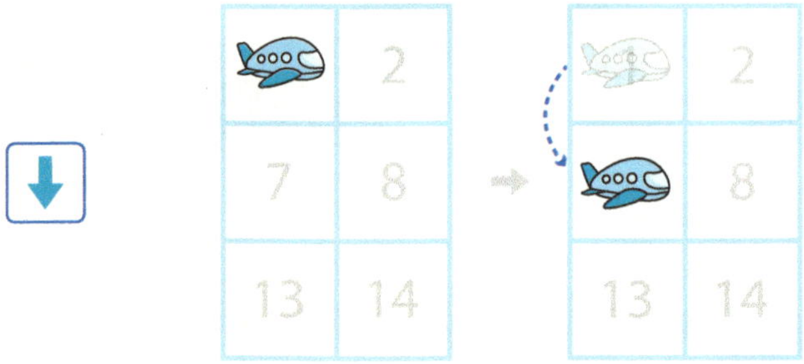

★ 일정한 규칙에 따라 움직이게 하는 기호 또는 문자 등의 명령어로 이루어진 것을 '코딩'이라고 합니다.

● 명령어에 따라 비행기가 도착한 위치가 맞는 것에 ○표 하시오.

① ②

( )   ( )

● 명령어에 따라 비행기가 도착한 위치가 맞는 것에 ○표 하시오.

① ②

( )   ( )

● 명령어에 따라 비행기가 도착한 위치가 맞는 것에 ○표 하시오.

① ( )   ② ( )

● 명령어에 따라 비행기가 도착한 위치가 맞는 것에 ○표 하시오.

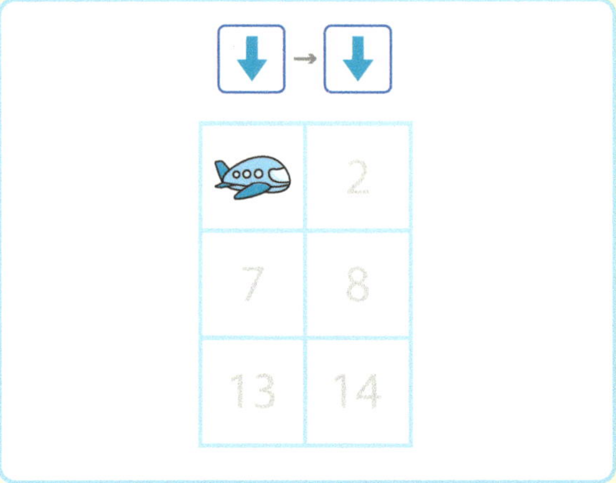

①  ( )   ② ( )

● 명령어에 따라 비행기가 도착한 위치가 맞는 것에 ○표 하시오.

① ②

( )   ( )

● 명령어에 따라 비행기가 도착한 위치가 맞는 것에 ○표 하시오.

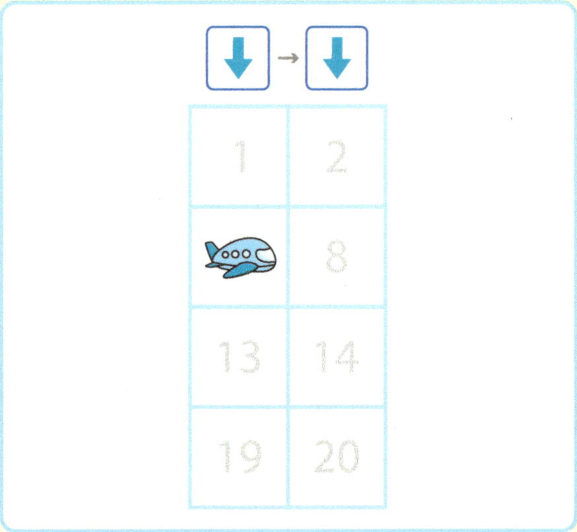

①  ②

( )   ( )

 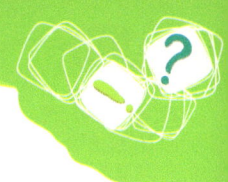

● 명령어에 따라 비행기가 도착한 위치가 맞는 것에 ○표 하시오.

① ( )   ② ( )

● 명령어에 따라 비행기가 도착한 위치가 맞는 것에 ○표 하시오.

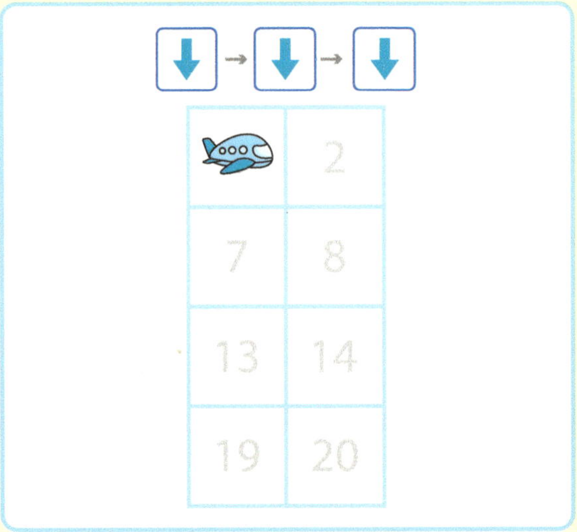

① ( )

② ( )

● 명령어에 따라 비행기가 도착한 위치가 맞는 것에 ○표 하시오.

① ( )   ② ( )

한번공 코딩놀이 비행기 놀이터

● 명령어를 보고 비행기가 도착한 곳에 ○표 하시오.

● 명령어를 보고 비행기가 도착한 곳에 ○표 하시오.

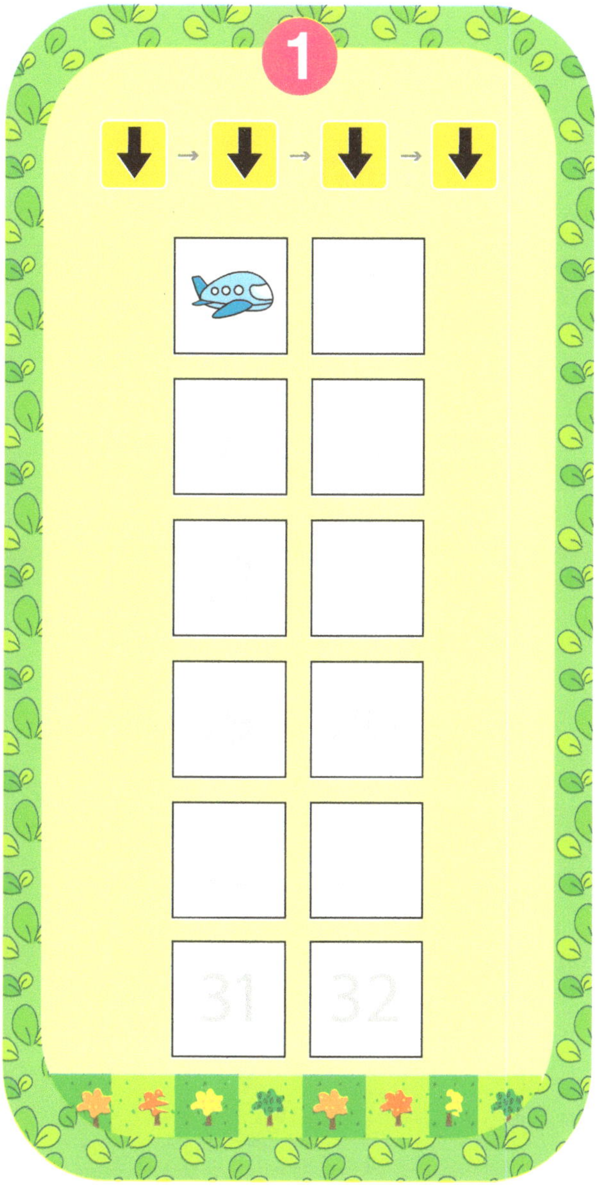

한바공 코딩놀이 비행기 놀이터

● 비행기가 움직인 것을 보고 코딩 놀이판에 코딩블록을 놓아 보시오.

코딩블록 : 4개

① ②

14

한바공 코딩놀이 비행기 놀이터

● 비행기가 움직인 것을 보고 코딩 놀이판에 코딩블록을 놓아 보시오.

코딩블록 : 5개

① ②

코딩 명령어 놀이
비행기 놀이 해답

3 쪽 ①	6 쪽 ①	9 쪽 ②
4 쪽 ②	7 쪽 ②	10 쪽 ①
5 쪽 ①	8 쪽 ①	11 쪽 ②

12 쪽

13 쪽

14 쪽

(1) ↓ ↓ ↓ ↓ 5 6
(2) ↓ ↓ ↓ ↓ 5 6

15 쪽

(1) ↓ ↓ ↓ ↓ ↓ 6
(2) ↓ ↓ ↓ ↓ ↓ 6

처음 시작하는 언플러그드 코딩교육

코딩 명령어 놀이
비행기 놀이

1단계 4호

● 명령어를 알아보시오. (비행기는 명령대로 움직입니다.)

명령어 : ⬆ 위로 한칸 가기

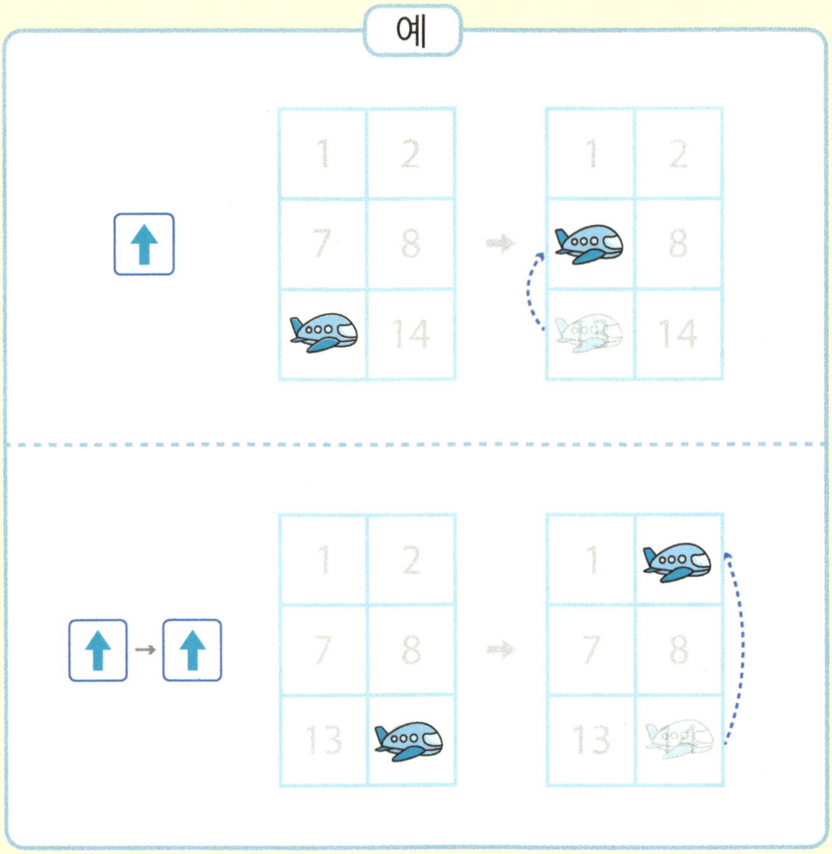

예

★ 일정한 규칙에 따라 움직이게 하는 기호 또는 문자 등의 명령어로 이루어진 것을 '코딩'이라고 합니다.

● 명령어에 따라 비행기가 도착한 위치가 맞는 것에 ○표 하시오.

① ( )　　② ( )

● 명령어에 따라 비행기가 도착한 위치가 맞는 것에 ○표 하시오.

① ( )   ② ( )

● 명령어에 따라 비행기가 도착한 위치가 맞는 것에 ○표 하시오.

① ②

( ) ( )

● 명령어에 따라 비행기가 도착한 위치가 맞는 것에 ○표 하시오.

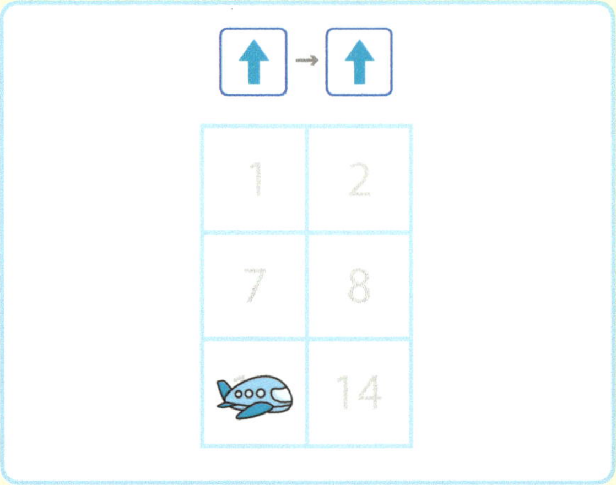

①  ②

( ) ( )

● 명령어에 따라 비행기가 도착한 위치가 맞는 것에 ○표 하시오.

① ( )

② ( )

● 명령어에 따라 비행기가 도착한 위치가 맞는 것에 ○표 하시오.

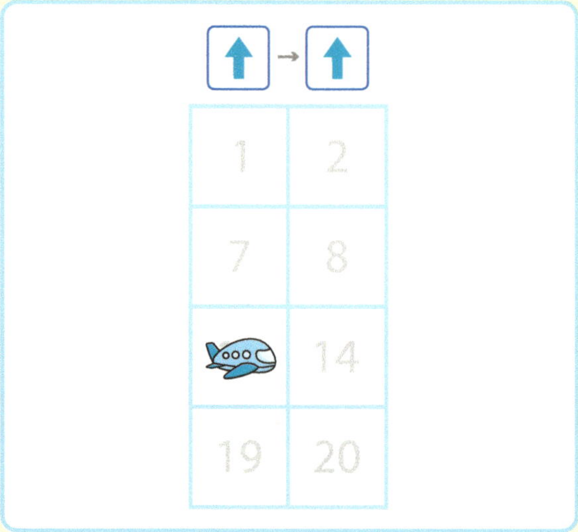

① ( )

② ( )

● 명령어에 따라 비행기가 도착한 위치가 맞는 것에 ○표 하시오.

① ( )   ② ( )

● 명령어에 따라 비행기가 도착한 위치가 맞는 것에 ○표 하시오.

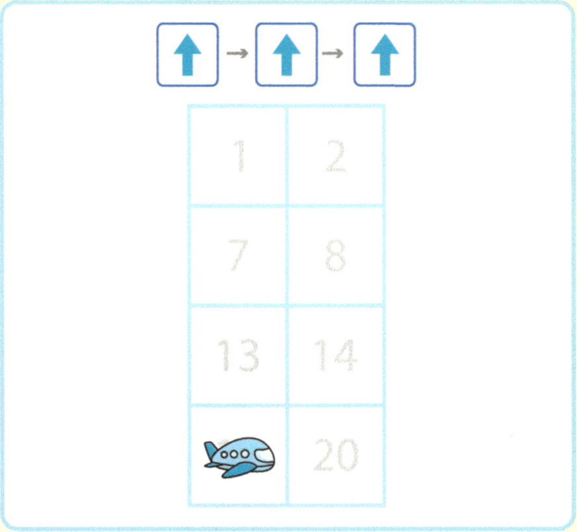

①  ( )   ② ( )

● 명령어에 따라 비행기가 도착한 위치가 맞는 것에 ○표 하시오.

① ②

( )   ( )

● 명령어를 보고 비행기가 도착한 곳에 ○표 하시오.

● 명령어를 보고 비행기가 도착한 곳에 ○표 하시오.

한바공 코딩놀이 비행기 놀이터

● 비행기가 움직인 것을 보고 코딩 놀이판에 코딩블록을 놓아 보시오.

코딩블록 : 4개

1

2

● 비행기가 움직인 것을 보고 코딩 놀이판에 코딩블록을 놓아 보시오.

코딩블록 : 5개

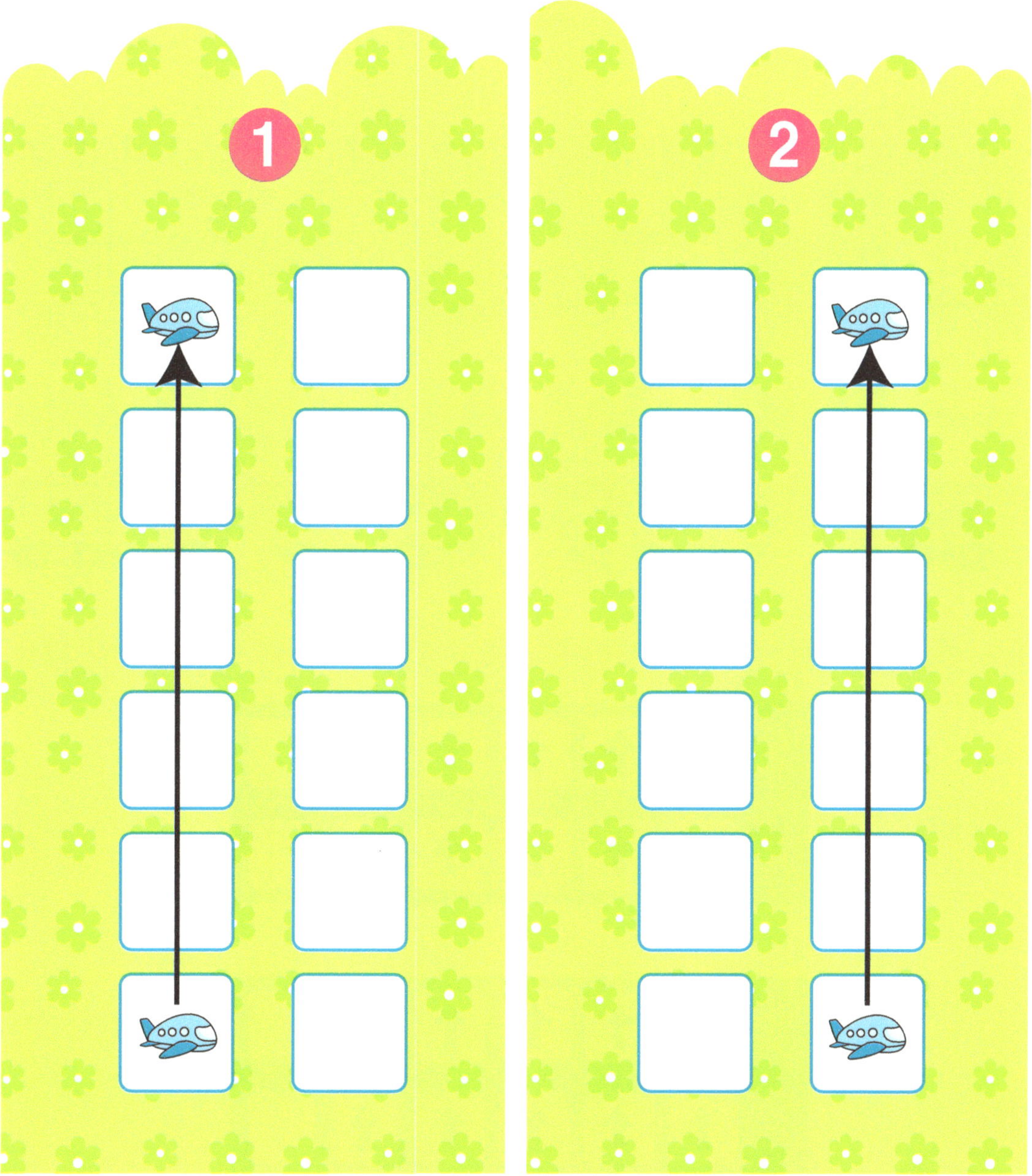

① ②

코딩 명령어 놀이
비행기 놀이 해답

3 쪽 ②　　6 쪽 ①　　9 쪽 ②
4 쪽 ②　　7 쪽 ②　　10 쪽 ①
5 쪽 ①　　8 쪽 ①　　11 쪽 ②

12 쪽

13 쪽

 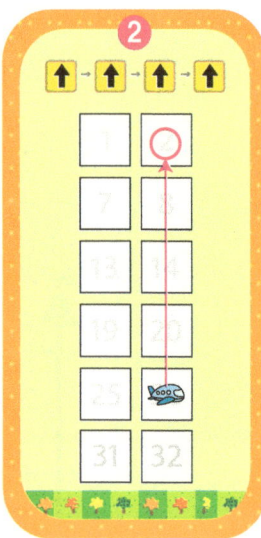

14 쪽

(1) ↑ ↑ ↑ ↑ 5 6

(2) ↑ ↑ ↑ ↑ 5 6

15 쪽

(1) ↑ ↑ ↑ ↑ ↑ 6

(2) ↑ ↑ ↑ ↑ ↑ 6

처음 시작하는 언플러그드 코딩교육

코딩 명령어 놀이
비행기 놀이

1단계 5호

● 명령어를 알아보시오.(비행기는 명령대로 움직입니다.)

명령어 : ➡ 앞으로 한칸 가기   ⬇ 아래로 한칸 가기

예

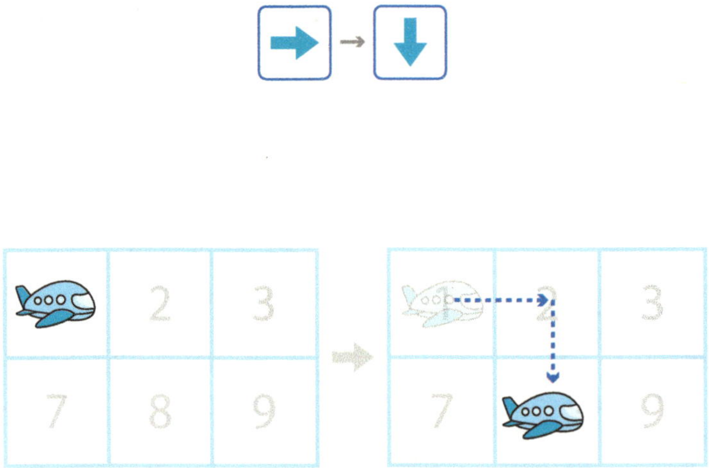

➡ → ⬇

★ 일정한 규칙에 따라 움직이게 하는 기호 또는 문자 등의 명령어로 이루어진 것을 '코딩'이라고 합니다.

● 명령어에 따라 비행기가 도착한 위치가 맞는 것에 ○표 하시오.

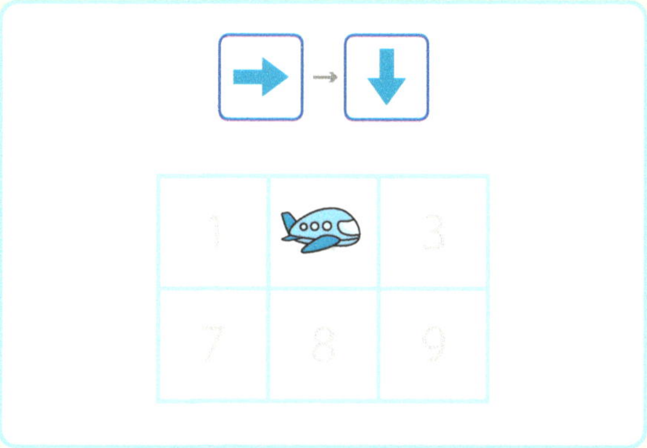

①  ②

( )　　　　　( )

● 명령어에 따라 비행기가 도착한 위치가 맞는 것에 ◯표 하시오.

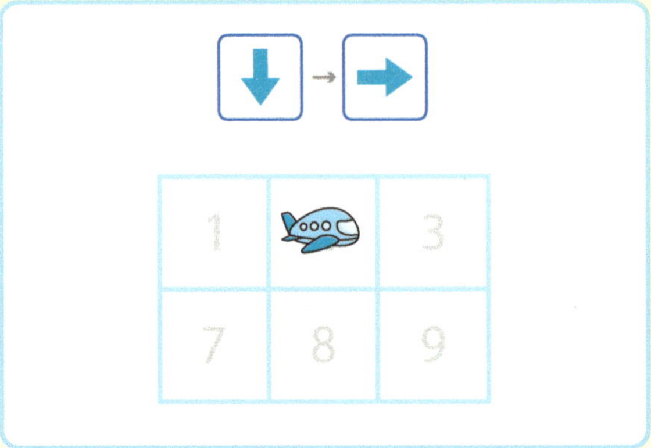

①  ( )   ② ( )

● 명령어에 따라 비행기가 도착한 위치가 맞는 것에 ○표 하시오.

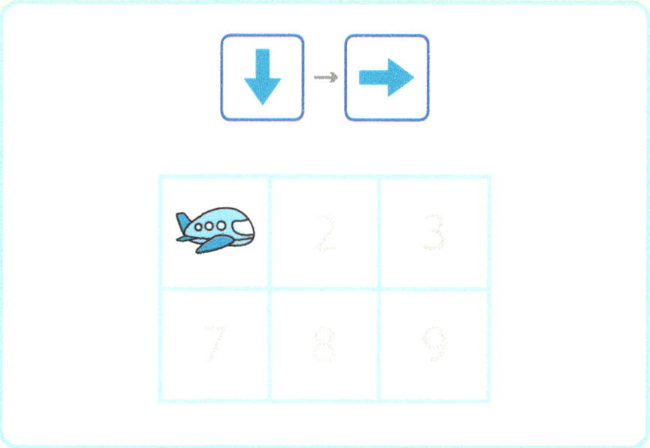

①  ②

( )   ( )

● 명령어에 따라 비행기가 도착한 위치가 맞는 것에 ○표 하시오.

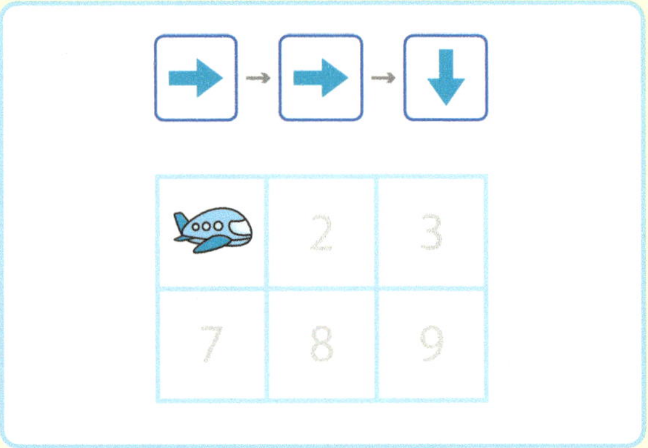

①  ( )   ② ( )

 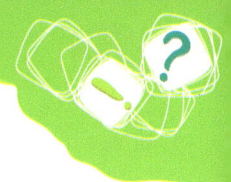

● 명령어에 따라 비행기가 도착한 위치가 맞는 것에 ○표 하시오.

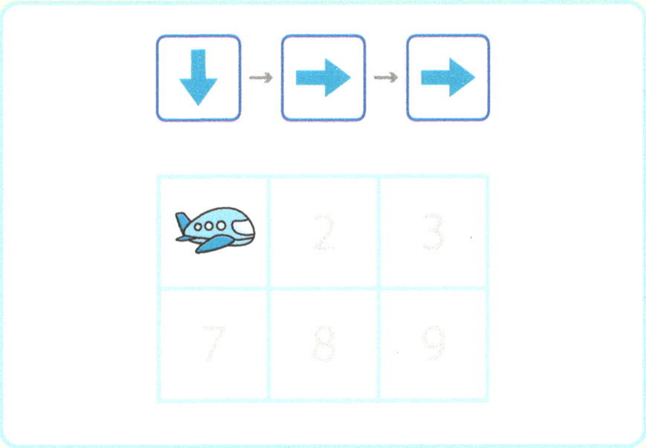

①  ( )   ② ( )

● 명령어에 따라 비행기가 도착한 위치가 맞는 것에 ○표 하시오.

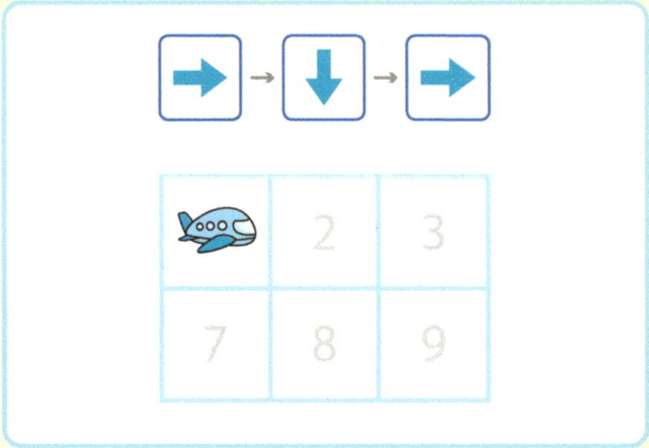

①  ( )   ② ( )

● 명령어에 따라 비행기가 도착한 위치가 맞는 것에 ○표 하시오.

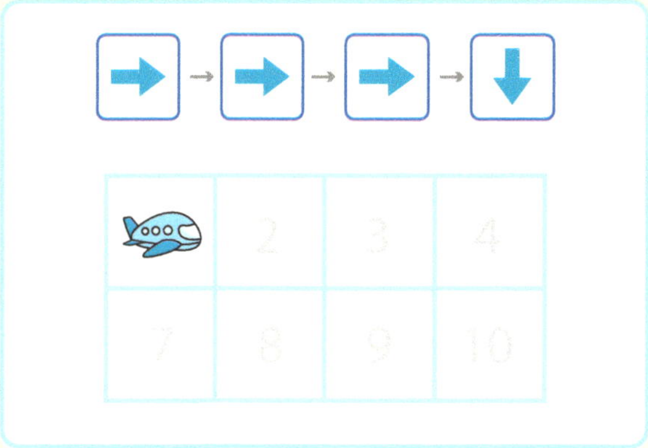

①  ②

( )   ( )

● 명령어에 따라 비행기가 도착한 위치가 맞는 것에 ○표 하시오.

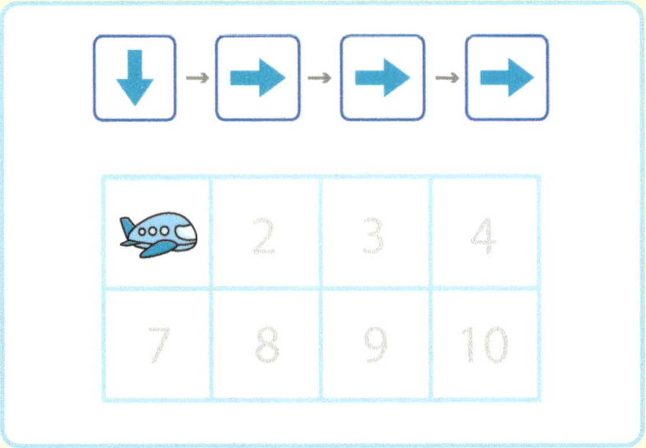

①  ②

( ) ( )

● 명령어에 따라 비행기가 도착한 위치가 맞는 것에 ○표 하시오.

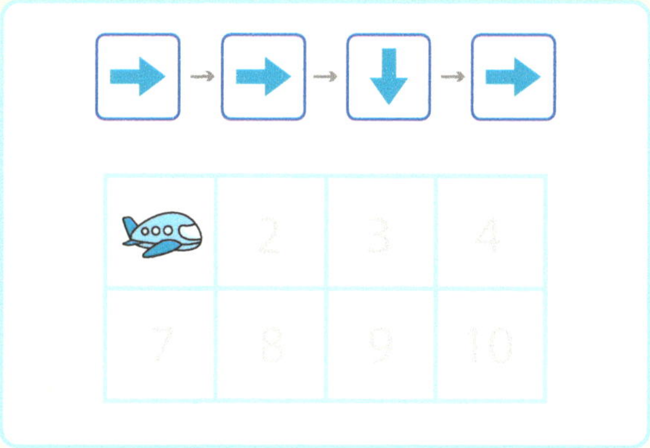

①   ②

(　　)   (　　)

한베공 코딩놀이 비행기 놀이터

● 명령어를 보고 비행기가 도착한 곳에 ○표 하시오.

→ → ↓ ↓ →

 ✈	2	3	4	5	6
7	8	9	10	11	12
13	14	15	16	17	18
19	20	21	22	23	24

● 명령어를 보고 비행기가 도착한 곳에 ○표 하시오.

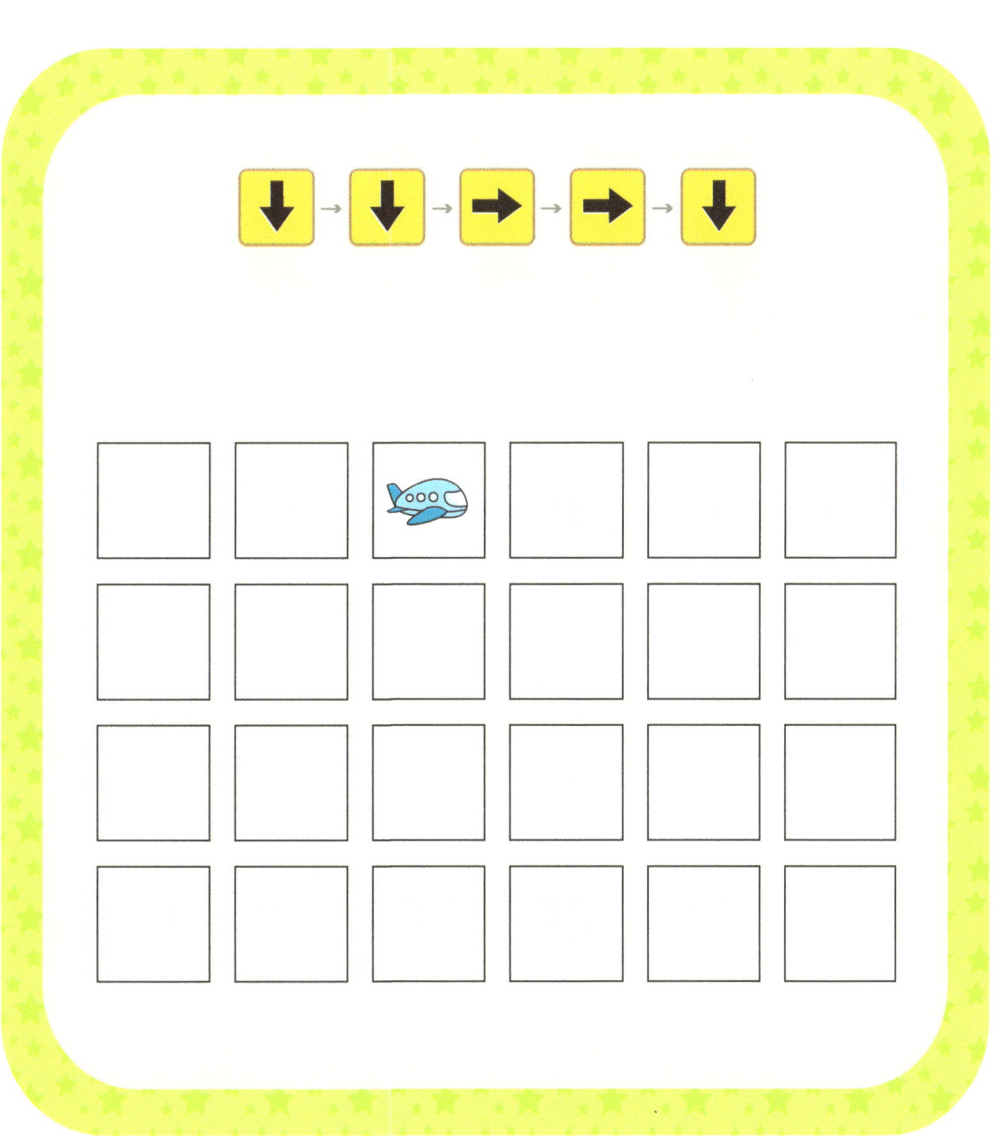

● 비행기가 움직인 것을 보고 코딩 놀이판에 코딩블록을 놓아 보시오.

코딩블록 : 5개

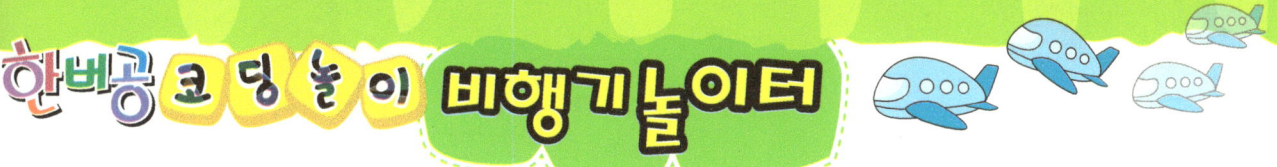

● 비행기가 움직인 것을 보고 코딩 놀이판에 코딩블록을 놓아 보시오.

코딩블록 : 6개

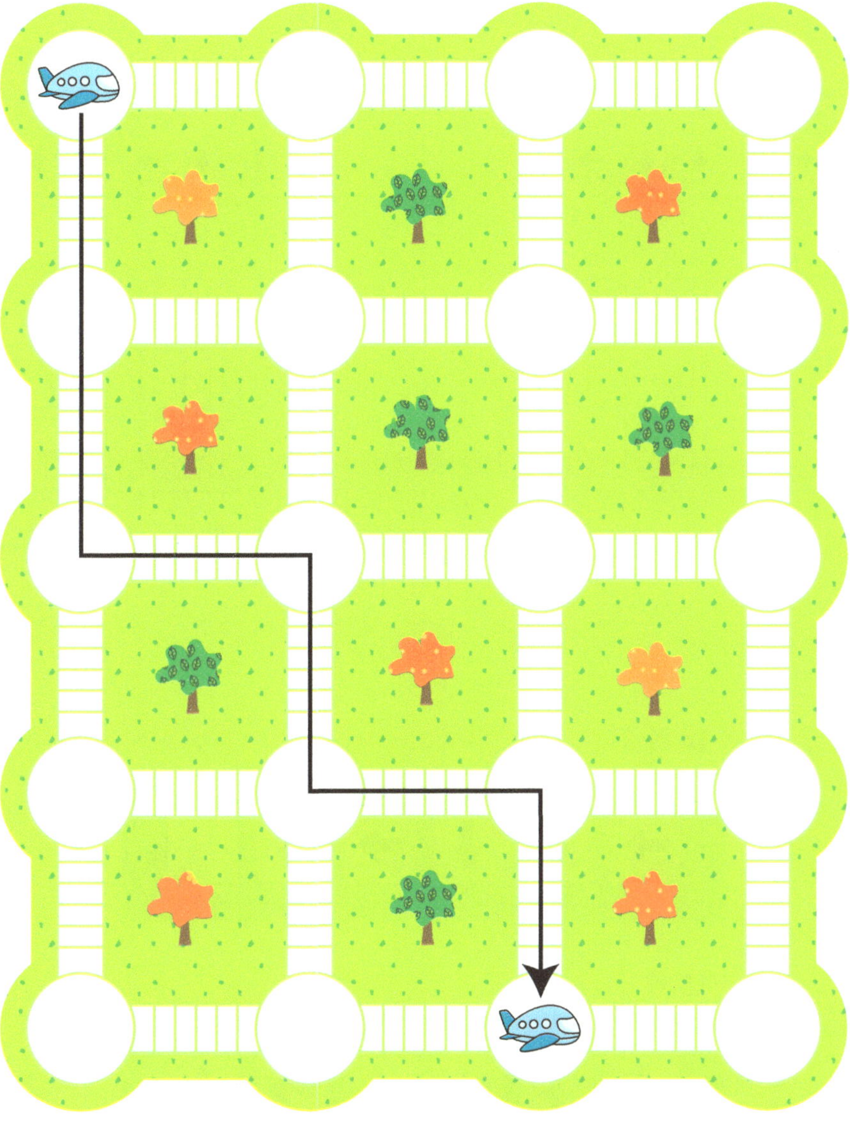

코딩 명령어 놀이
비행기 놀이 해답

3 쪽 ② 6 쪽 ① 9 쪽 ②
4 쪽 ② 7 쪽 ① 10 쪽 ②
5 쪽 ① 8 쪽 ① 11 쪽 ①

12 쪽

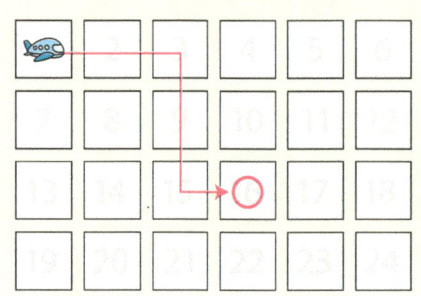

13 쪽

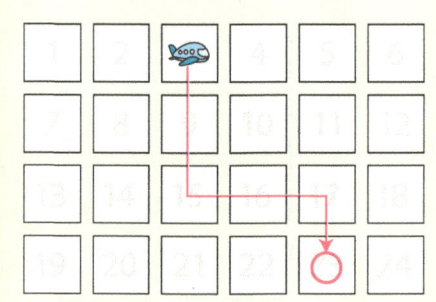

14 쪽

15 쪽

● 명령어를 알아보시오. (비행기는 명령대로 움직입니다.)

명령어 : ➡ 앞으로 한칸 가기   ⬆ 위로 한칸 가기

예

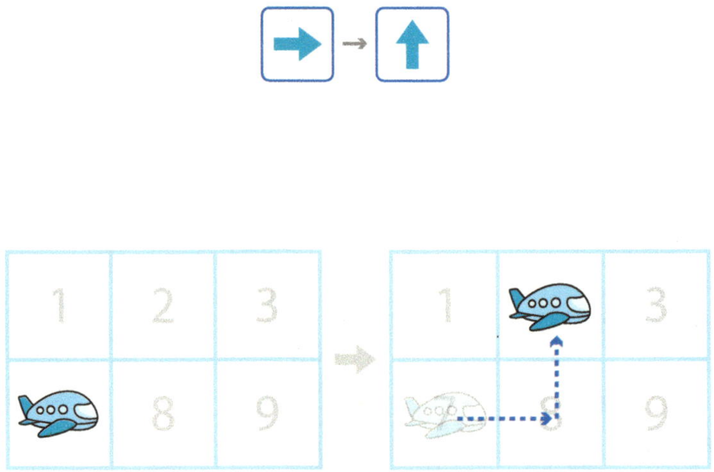

➡ → ⬆

1	2	3
✈	8	9

→

1	✈	3
		9

★ 일정한 규칙에 따라 움직이게 하는 기호 또는 문자 등의 명령어로 이루어진 것을 '코딩'이라고 합니다.

● 명령어에 따라 비행기가 도착한 위치가 맞는 것에 ○표 하시오.

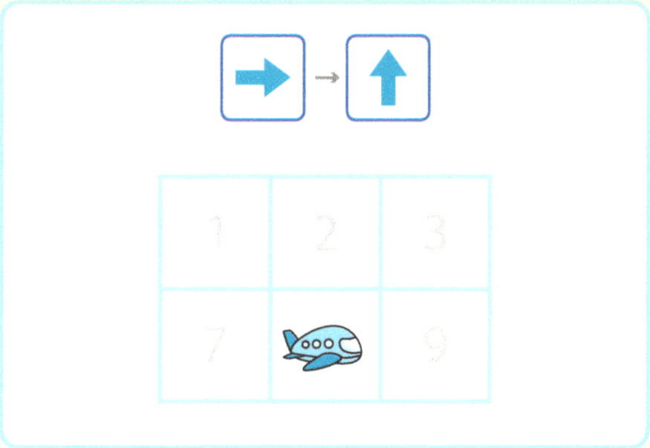

①  ②

( )   ( )

● 명령어에 따라 비행기가 도착한 위치가 맞는 것에 ○표 하시오.

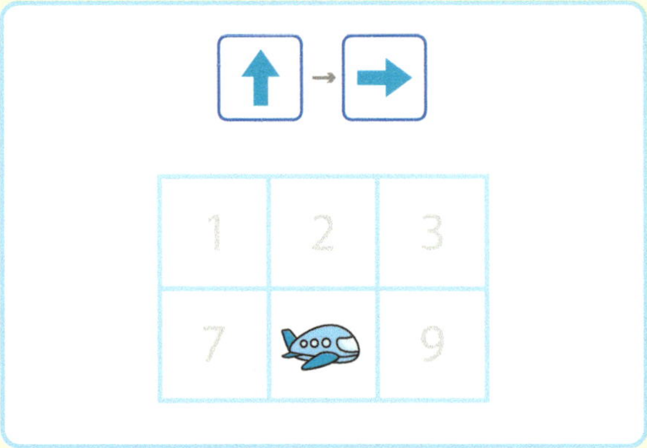

①  ②

( )   ( )

● 명령어에 따라 비행기가 도착한 위치가 맞는 것에 ○표 하시오.

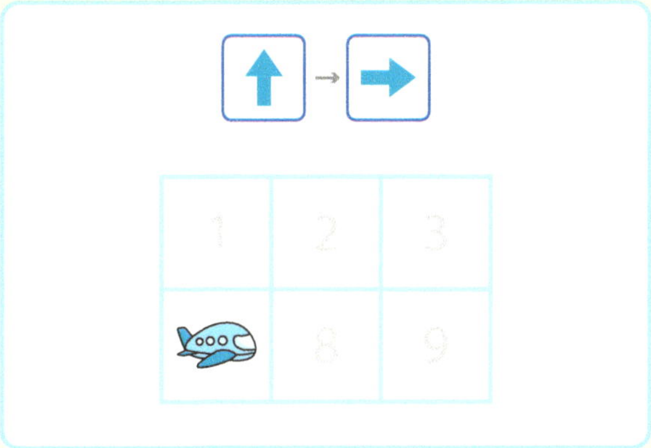

①  ②

( ) ( )

● 명령어에 따라 비행기가 도착한 위치가 맞는 것에 ○표 하시오.

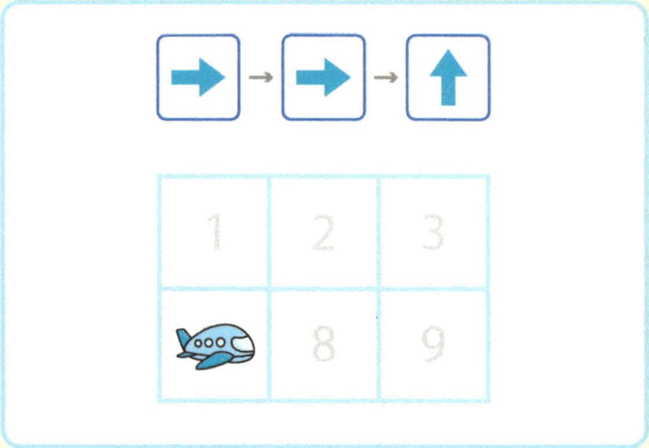

① 　　　　　　　　　　②

(　　)　　　　　　　(　　)

● 명령어에 따라 비행기가 도착한 위치가 맞는 것에 ○표 하시오.

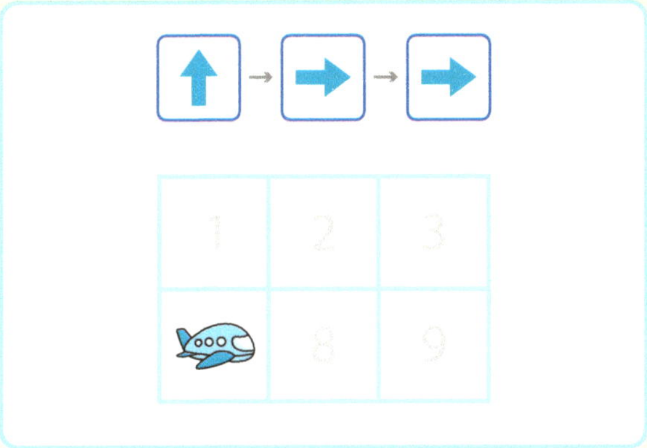

①  ( )   ② ( )

● 명령어에 따라 비행기가 도착한 위치가 맞는 것에 ○표 하시오.

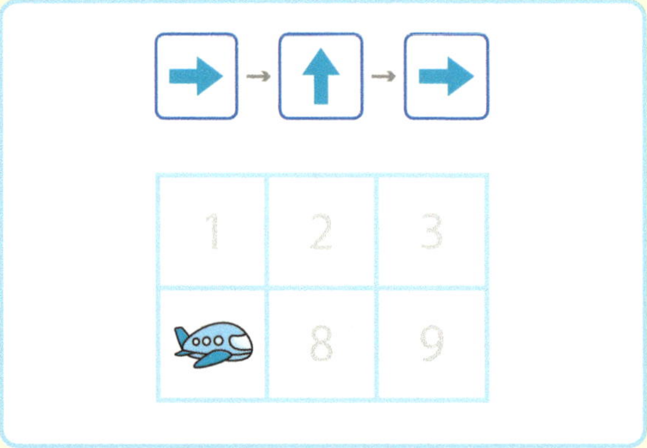

①  ( )   ② ( )

● 명령어에 따라 비행기가 도착한 위치가 맞는 것에 ○표 하시오.

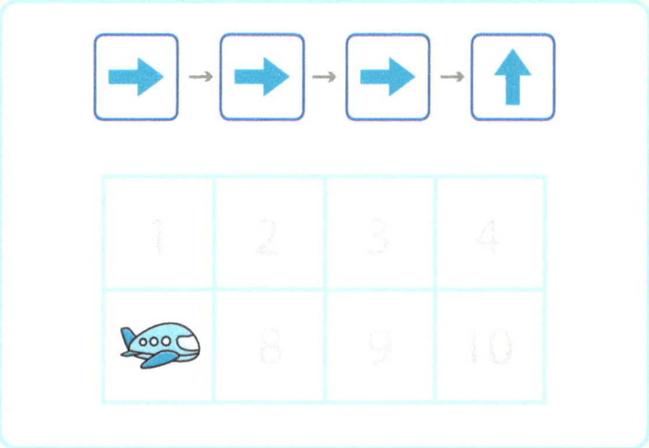

① ( )　　　② ( )

● 명령어에 따라 비행기가 도착한 위치가 맞는 것에 ○표 하시오.

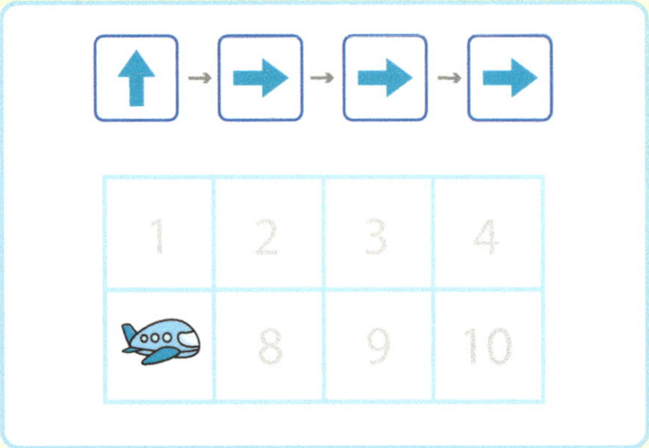

①  ( )　　　② ( )

● 명령어에 따라 비행기가 도착한 위치가 맞는 것에 ○표 하시오.

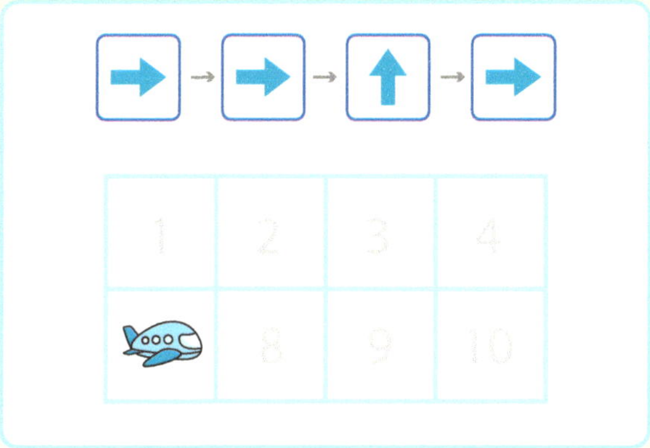

①  ( )   ② ( )

한빛공 코딩놀이 비행기 놀이터

● 명령어를 보고 비행기가 도착한 곳에 ○표 하시오.

한번공 코딩놀이 비행기 놀이터

● 명령어를 보고 비행기가 도착한 곳에 ○표 하시오.

- 비행기가 움직인 것을 보고 코딩 놀이판에 코딩블록을 놓아 보시오.

코딩블록 : 5개

● 비행기가 움직인 것을 보고 코딩 놀이판에 코딩블록을 놓아 보시오.

코딩블록 : 6개

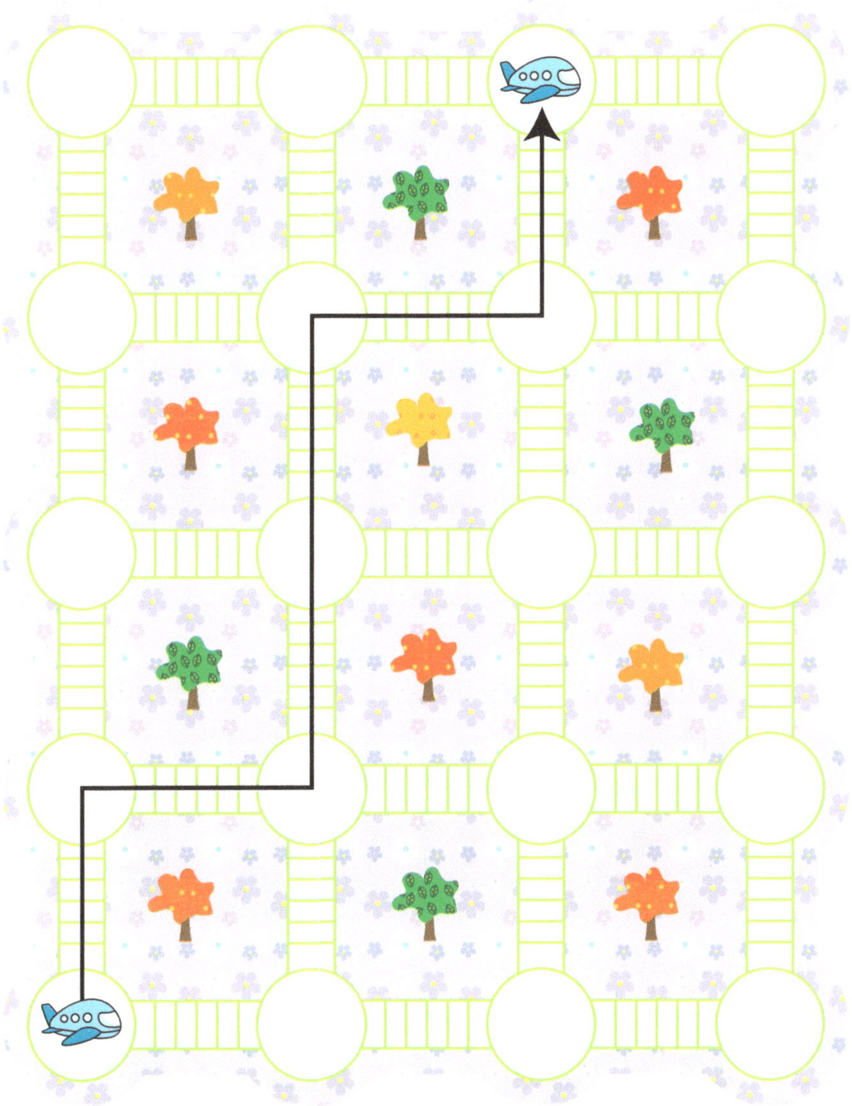

코딩 명령어 놀이
비행기 놀이 해답

3 쪽 ②	6 쪽 ②	9 쪽 ①
4 쪽 ①	7 쪽 ①	10 쪽 ②
5 쪽 ①	8 쪽 ②	11 쪽 ②

12 쪽

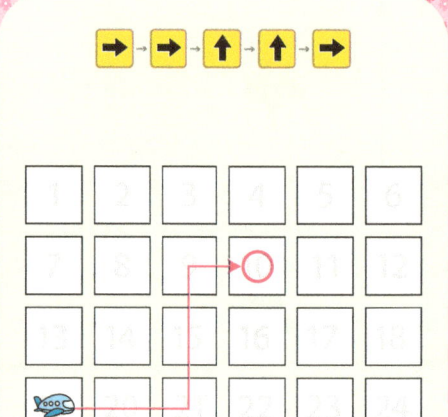

13 쪽

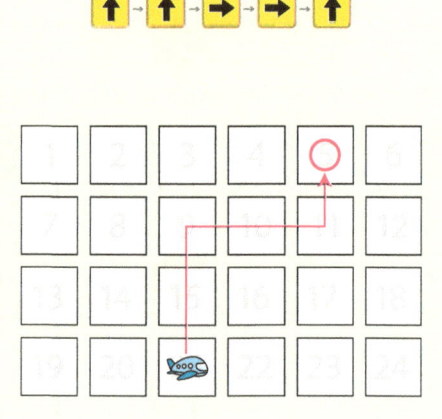

14 쪽

15 쪽

코딩 도서 목록

지침서

아주 쉬운 코딩 놀이

1. 카드 놀이
2. 숫자 놀이
3. 네트워크 놀이
4. 전략 놀이
5. 퍼즐 놀이
6. 암호 놀이
7. 순서도 놀이
8. 명령어 놀이

아주 쉬운 코딩 놀이.2

1. 검색 놀이
2. 좌표 놀이
3. 신호 놀이
4. 데이터 놀이
5. 장난감 놀이
6. 정보 놀이
7. 두뇌회전 놀이

워크북

아주 쉬운 코딩 놀이 수학.1

1. 이진법 알기
2. 이진법 비밀 카드
3. 숫자로 그림 그리기
4. 짝수의 비밀
5. 정렬 네트워크
6. 학교 가기

아주 쉬운 코딩 놀이 수학.2

1. 이진법 알기
2. 이진법 비밀 카드
3. 숫자로 그림 그리기
4. 짝수의 비밀
5. 정렬 네트워크
6. 학교 가기

아주 쉬운 코딩 놀이 수학.3

1. 데이터 검색
2. 선택 정렬
3. 퀵 정렬
4. 신호 만들기
5. 전기 회로 불켜기
6. 가로등 불켜기

아주 쉬운 코딩 놀이 수학.4

1. 데이터 입력 삭제
2. 이진 트리
3. 기호 만들기
4. 데이터 줄이기
5. 최적화 네트워크
6. 안테나 설치

코딩 놀이 단행본 종류

아주 쉬운 코딩 놀이는 언플러그드 활동 중심 코딩 교사 지침서입니다.

아주 쉬운 코딩 놀이 수학 1, 2는 아주 쉬운 코딩 놀이 지침서의 내용을 학생들이 쉽게 풀 수 있도록 문제 형식으로 제작한 학생용 코딩 워크북입니다.

아주 쉬운 코딩 놀이수학 ❶

워크북

1. 이진법 알기
2. 이진법 비밀 카드
3. 숫자로 그림 그리기
4. 짝수의 비밀
5. 정렬 네트워크
6. 학교 가기

아주 쉬운 코딩 놀이수학 ❷

워크북

1. 바둑돌 놓기
2. 무늬 블록 돌리기
3. 암호문 풀기
4. 코딩 모양 타일
5. 순서도
6. 비행기 놀이

코딩 놀이 단행본 종류

아주 쉬운 코딩 놀이 2는 언플러그드 활동 중심 코딩 교사 지침서입니다.

아주 쉬운 코딩 놀이 수학 3. 4는 아주 쉬운 코딩 놀이 2 지침서의 내용을 학생들이 쉽게 풀 수 있도록 문제 형식으로 제작한 학생용 코딩 워크북입니다.

아주 쉬운 코딩 놀이 수학 ③

워크북

1. 데이터 검색
2. 선택 정렬
3. 퀵 정렬
4. 신호 만들기
5. 전기 회로 불켜기
6. 가로등 불켜기

아주 쉬운 코딩 놀이 수학 ④

워크북

1. 데이터 입력 삭제
2. 이진 트리
3. 기호 만들기
4. 데이터 줄이기
5. 최적화 네트워크
6. 안테나 설치

코딩 명령어 놀이 · 비행기 놀이 1

초판 발행일 : 2018년 5월 14일

지은이 : 한버공
펴낸 곳 : 청송문화사
　　　　　서울시 중구 수표로 2길 13
홈페이지 : www.edics.co.kr
E-mail : kidlkh@hanmail.net
전화 : 02-2279-5865
팩스 : 02-2279-5864
등록번호 : 2-2086 / 등록날짜 : 1995년 12월 14일

가격 : 12,000원

잘못 인쇄된 책은 서점이나 본사에서 바꿔 드립니다.
ISBN : 978-89-5767-331-7
ISBN : 978-89-5767-325-6(세트)

본 교재의 독창적인 내용은 저작권법에 의하여 보호받고 있습니다.